HISTOIRE DU
JUDAISME

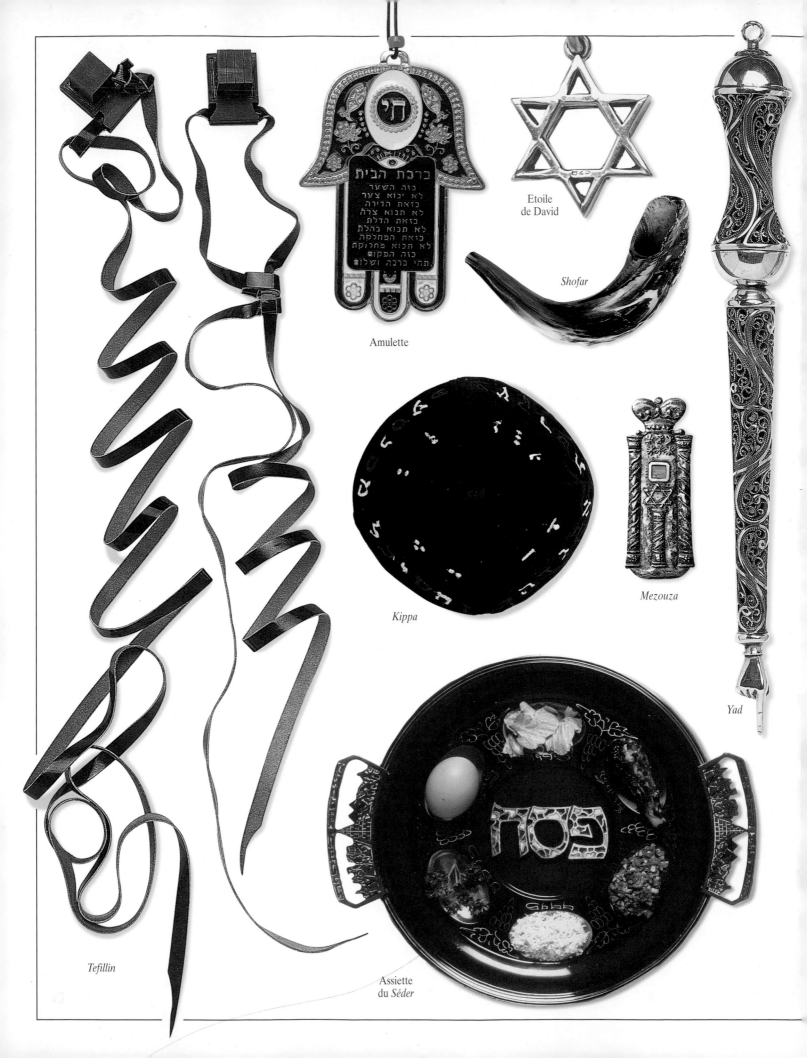

Amulette

Etoile
de David

Shofar

Kippa

Mezouza

Yad

Tefillin

Assiette
du *Séder*

HISTOIRE DU
JUDAISME

Dreidel

Par
Douglas Charing

Torah dans
son manteau

LES YEUX DE LA DÉCOUVERTE / GALLIMARD

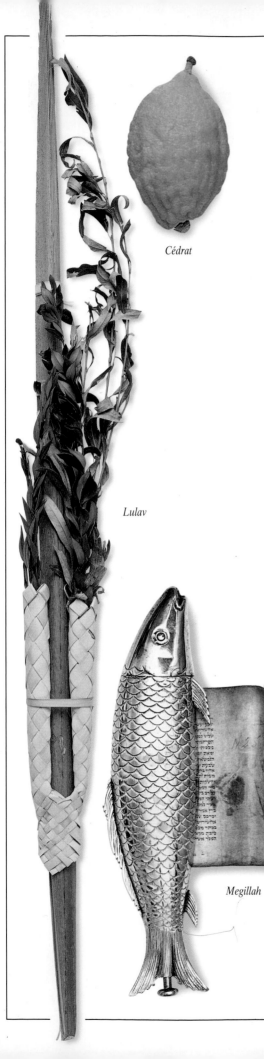

Cédrat

Lulav

Megillah

Comité éditorial

Londres :
Linda Martin et Linda Esposito
Andrew Macintyre et Jayne Thomas

Paris :
Christine Baker, Thomas Dartige et Eric Pierrat

Collection créée par
Peter Kindersley et Pierre Marchand

Pour l'édition originale :

Édition : Shaila Awan
Responsable artistique : Catherine Goldsmith
Maquettiste PAO : Siu Yin Ho
Iconographie : Sarah Pownall
Fabrication : Eric Rosen
Conseiller : Jonathan Romain

Édition originale parue sous le titre :
Eyewitness Guide *Judaism*

Édition française
traduite et adaptée
par Véronique Dreyfus
Conseillère : Dominique Barrios-Delgado
Édition : Barbara Kekus, Octavo, Paris
Responsable éditorial : Éric Pierrat
Préparation : Sylvette Tollard
Correction : Lorène Bücher et Isabelle Haffen
Index : Isabelle Haffen
Montage PAO : Barbara Kekus, Octavo
Maquette de couverture :
Raymond Stoffel
Photogravure de couverture : IGS (16)

ISBN 2-07-055241-1
Copyright © 2003 Éditions Gallimard Jeunesse, Paris
Loi n° 49-956 du 16 juillet 1949
sur les publications destinées à la jeunesse

Premier dépôt légal : octobre 2003
Dépôt légal : septembre 2006
Numéro d'édition : 145303

Imprimé en Chine par
Toppan Printing Co. (Shen Zhen) Ltd

Mezouza

Pièces
en chocolat
de *Hanoukka*

SOMMAIRE

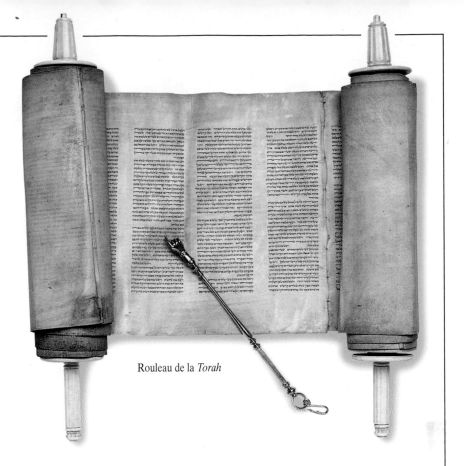

Rouleau de la *Torah*

LA JUDAÏTÉ **6**

LES ORIGINES **8**

LA TERRE PROMISE **10**

LES PREMIERS ROIS **12**

LES NOUVEAUX MAÎTRES **14**

LA DOMINATION ROMAINE **16**

LE MOYEN ÂGE **18**

LA VIE DANS LA DIASPORA **20**

LES POGROMES **22**

LE SIONISME **24**

UN NOUVEAU CAUCHEMAR **26**

LA SHOAH **28**

LES SUITES DE LA GUERRE **30**

LA SYNAGOGUE **32**

LA PRIÈRE **34**

LES LIVRES SAINTS **36**

ÉCRITS ET PENSEURS **38**

LES VALEURS **40**

LA NOURRITURE CASHER **42**

LES DIFFÉRENTS VISAGES DU JUDAÏSME **44**

LES SYMBOLES ET LA LANGUE **46**

LES ÉTAPES D'UNE VIE **48**

LES JOURS TRÈS SAINTS **52**

LES FÊTES **54**

LA CONTRIBUTION DES JUIFS **60**

INDEX **64**

LA JUDAÏTÉ

L'histoire des Juifs est celle d'un peuple contraint de vivre dans l'exil et qui, de ce fait, est présent dans presque tous les pays du monde. Ceci étant, la judaïté recouvre des réalités bien différentes. Ainsi, celui qui est né d'une mère juive est lui-même juif, à l'instar de Karl Marx qui, pourtant, rejetait toutes les religions. Mais, pour beaucoup, la judaïté implique de se conformer à un mode de vie religieux, de vivre sa foi vingt-quatre heures sur vingt-quatre. Pour eux, l'appartenance au peuple ou à la culture juive est plus importante que pour d'autres qui ne respectent pas forcément les lois juives et ne vont jamais, ou presque, à la synagogue.

KARL MARX
Théoricien du communisme, Karl Marx (1818-1883) est considéré aujourd'hui comme l'un des principaux penseurs du monde moderne. Bien que juif de naissance, il a rejeté le judaïsme comme toutes les autres religions. Pourtant, il se pourrait que les enseignements des prophètes hébraïques aient influencé ses travaux philosophiques.

COMMUNAUTÉ RELIGIEUSE
Selon les Saintes Ecritures, être Juif c'est se conformer à la *Torah*. Mais, dans notre société moderne, ce précepte n'est pas évident : les Juifs libéraux sont-ils plus ou moins religieux que les orthodoxes ? Il est probable que chaque groupe, à sa façon, peut se revendiquer de l'exemple d'Abraham.

Des juifs ultra-orthodoxes prient devant le Mur occidental, à Jérusalem.

« Je suis juif parce que, en tous lieux où pleure une souffrance, le Juif pleure. Je suis juif parce que, chaque fois que le désespoir s'empare du monde, le Juif continue à espérer. »

EDMOND FLEG (1874-1963),
ECRIVAIN SUISSE DE LANGUE FRANÇAISE

BARUCH SPINOZA
Fils d'une famille portugaise installée à Amsterdam, Baruch Spinoza (1632-1677) fut excommunié pour ses conceptions non conformistes. Aujourd'hui, il est reconnu comme l'un des plus grands philosophes.

UNE IDENTITÉ PARTAGÉE

Pour les nazis étaient juifs même les non-pratiquants et les convertis au christianisme. Du fait de leur judaïté, les Juifs socialistes, athées ou ultra-orthodoxes, divisés dans la vie, partagèrent le même destin tragique.

Mémorial aux victimes de la Shoah du camp de concentration de Dachau, en Allemagne

Ce vitrail représente le sabbat, jour dédié au repos.

Texte en hébreu sur le repos pris par Dieu, le septième jour, après la création du ciel et de la Terre

Les bougies sont allumées au début du sabbat.

Le pain hallah (miche tressée) est réservé pour le sabbat.

LES COUTUMES JUIVES

Pour certains le judaïsme est une affaire de coutumes sociales, ne nécessitant pas forcément de suivre religieusement la Bible hébraïque. L'année est ponctuée de nombreuses fêtes importantes qui célèbrent les événements déterminants de l'histoire du judaïsme. Ainsi, l'appartenance à cette riche tradition culturelle justifie leur identité judaïque.

SENTIMENT DE FIERTÉ

Certains religieux ne se sentent vraiment juifs qu'avec le *tallith* (châle de prière) sur la tête et le *siddur* (livre des prières) dans les mains. Beaucoup d'autres ressentent leur judaïté comme un sentiment d'appartenance communautaire envers les Juifs du monde entier. Ils éprouvent une grande fierté lorsque l'un d'eux reçoit un prix Nobel ou devient ministre. Fiers aussi d'Israël, leur pays, certains estiment être de leur devoir d'y vivre et d'y travailler. Mais d'autres, profondément enracinés dans le pays où ils résident, souhaitent seulement s'y rendre en visite. Ils soutiennent la terre et le peuple d'Israël plutôt qu'une quelconque politique gouvernementale.

Châle de prière

Livre de prière

LES ORIGINES

Né il y a plusieurs millénaires, le judaïsme est l'une des religions les plus anciennes, la première à être fondée sur le monothéisme, la croyance en un seul Dieu. Elle a engendré deux autres religions universelles : le christianisme et l'islam. Le peuple juif est issu de peuplades nomades, les Hébreux appelés ensuite Israélites, qui vivaient dans une région aujourd'hui appelée Moyen-Orient. Abraham, considéré comme le premier Juif, son fils Isaac et son petit-fils Jacob sont les patriarches ou pères du judaïsme. Quant aux douze fils de Jacob, ils allaient devenir les chefs des douze tribus d'Israël. La Bible hébraïque (l'Ancien Testament des chrétiens) relate leur histoire.

ABRAHAM, L'ÉLU
Fils d'un peuple qui vénérait plusieurs dieux, Abraham, encore jeune homme, rejeta ces croyances et se consacra à un Dieu unique. Il ressentit que ce Dieu lui demandait de quitter sa terre d'Harran (aujourd'hui en Irak) pour devenir le père d'une grande nation.

Gobelet
en glaise

Gourde d'eau
à boire

POTERIES SUMÉRIENNES
Ces objets archéologiques fournissent des renseignements précieux sur l'époque des patriarches, qui pourrait remonter au troisième millénaire avant Jésus-Christ, au temps d'Abraham, et se terminer au milieu du deuxième millénaire avant Jésus-Christ avec Joseph en Egypte. La découverte de ces objets nous permet de connaître la vie quotidienne à cette époque.

MODE DE VIE NOMADE
Dans les récits bibliques, les patriarches vivent en nomades comme les Bédouins aujourd'hui. Regroupés en grandes familles ou clans, aux confins du désert de Judée, ils se déplaçaient à la recherche d'eau et de pâtures pour leurs bêtes.

L'ALLIANCE
La Bible hébraïque retrace l'Alliance que Dieu fit avec Abraham, lui promettant la naissance d'enfants qui vivraient sur la terre de Canaan. En échange, Abraham et ses descendants devraient lui assurer leur foi et leur obéissance éternelles. Ce bloc en argile ancien porte le nom d'Abraham et de ses descendants.

Abraham
et le sacrifice d'Isaac

ISAAC
Abraham et sa femme
Sarah étaient trop âgés
et ne pouvaient avoir
d'enfants. Aussi, ils
se demandaient comment
pourrait se réaliser la
promesse de Dieu. Pourtant,
Sarah donna le jour à un fils,
Isaac. Pour éprouver la foi
d'Abraham, Dieu lui ordonna
de sacrifier son fils. Alors
qu'Abraham s'apprêtait à frapper,
Dieu lui dit de remplacer
l'enfant par un bélier. La
tradition juive a retenu cette
histoire sous le nom de *Akeda*,
qui en hébreu signifie ligature, car
Isaac fut lié et non pas sacrifié.

L'HISTOIRE DE JACOB
Isaac eut deux fils, Jacob
et Esaü. Jacob est
le troisième et dernier
patriarche. Une nuit,
Dieu lui apparut en rêve
pour lui annoncer que
la terre sur laquelle
il reposait appartiendrait
à ses descendants. Dieu
donna à Jacob le nom
d'« Israël ». Plus tard, Jacob
eut douze fils, dont Joseph,
qui devaient devenir les chefs
des douze tribus d'Israël.

Jacob et ses douze fils

JOSEPH EN ÉGYPTE
Joseph était le fils préféré
de Jacob. Un jour, ses
frères, envieux, le vendirent
à des marchands qui
l'emmenèrent en Égypte où
il devint esclave. Les maîtres
de ce royaume étaient des
Pharaons, qui édifiaient des
palais, des temples ainsi que
des pyramides destinées
à recevoir leur tombe et leur
trésor. Joseph réussit
à obtenir un poste
important à la cour
égyptienne ; il devait s'habiller
comme un fonctionnaire égyptien.

Statue d'un
personnage
important de
l'administration
égyptienne

Arc

Lyre

*Ces tuniques
colorées étaient
en laine.*

*Les ânes servaient à
transporter les hommes
et les bagages.*

EN ÉGYPTE
Joseph retrouva les siens lorsque sa famille se rendit en Egypte, fuyant la
famine qui sévissait dans son pays. Cette peinture murale du XIXe siècle av. J.-C.,
provenant de la tombe de Khnoum-Hotep, dépeint des personnages
d'apparence sémitique se rendant en Egypte avec leurs troupeaux et leurs
biens, tout comme l'avaient fait les frères de Joseph.

LA TERRE PROMISE

300 ans après la mort de Joseph, les maîtres d'Égypte se dressèrent contre les Israélites. Dieu choisit alors un homme nommé Moïse pour conduire son peuple hors d'Égypte, vers la Terre promise de Canaan. Durant cet Exode, Dieu lui révéla ses lois, notamment les Dix Commandements. Les Hébreux mirent quarante ans pour traverser le désert et atteindre Canaan. Selon la Bible, cette terre promise, qui reçut plus tard le nom d'Israël, était « ruisselante de lait et de miel ». Les Israélites devaient y construire le Temple et vivre conformément aux préceptes de la *Torah*, avec leurs propres rois, prêtres et prophètes. Et, surtout, Dieu leur promit paix et prospérité. En échange, ils promirent à Dieu de conserver toutes ses lois et de se montrer justes et miséricordieux envers les habitants de Canaan.

RAMSÈS II
Le Pharaon régnant sur l'Egypte au temps de Moïse était probablement Ramsès II (v. 1304-1236 av. J.-C.). Les registres royaux de l'époque indiquent qu'il faisait bâtir ses cités par des esclaves.

LA VIE EN ÉGYPTE
Les Israélites étaient traités durement par leurs maîtres égyptiens. Tout comme d'autres peuples, esclaves des Pharaons, ils bâtissaient leurs villes et leurs temples.

Sur cette peinture murale, des esclaves fabriquent des briques.

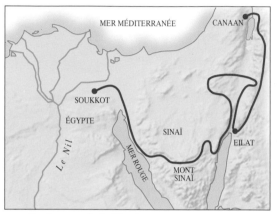

— Route supposée de l'Exode

LES DIX PLAIES D'ÉGYPTE
Ainsi que le lui avait commandé Dieu, Moïse quitta son foyer du Sinaï et se rendit en Egypte pour demander au Pharaon de libérer les Israélites. Comme il refusa, Dieu frappa son pays d'une série de catastrophes, les « plaies ». Lorsque la dixième s'abattit sur l'Égypte, tous les premiers-nés moururent, y compris le fils du Pharaon. Alors, seulement, il finit par céder. L'ange de la mort survola la maison des Israélites mais épargna leurs enfants. Conduits par Moïse, les Israélites quittèrent le pays à la recherche de Canaan.

Moïse conduisant son peuple

La mer se referme sur l'armée du Pharaon.

ET DIEU FENDIT LES EAUX
Se ravisant, le Pharaon envoya son armée à la poursuite des Israélites installés près de la « mer des Roseaux ». La mer Rouge, comme on l'avait d'abord traduit de l'hébreu, trop au sud, ne correspond pas au trajet de l'Exode. Pour les Israélites, terrorisés, ce fut la première épreuve de confiance. Accusateurs, ils se tournèrent vers Moïse. Alors, Dieu fendit les eaux et ils purent traverser à pied sec alors que la mer se refermait derrière eux, engloutissant les armées du Pharaon. Le peuple réjoui plaça à nouveau sa confiance en Dieu pour le conduire vers la Terre promise.

*« Je suis le Seigneur ton Dieu,
qui t'a fait sortir d'Egypte,
de la maison de servitude.
Tu n'auras pas d'autres dieux
que moi. »*

L'UN DES DIX COMMANDEMENTS (EXODE 20,1)

LES LOIS DE DIEU

Sur le mont Sinaï, Moïse reçut de Dieu la *Torah* (l'ensemble des lois, dont les Dix Commandements). Ces lois furent inscrites sur des tablettes en pierre, plus tard déposées dans un coffre appelé l'Arche d'alliance. Lorsque Moïse leur transmit ces lois, les Israélites acceptèrent l'Alliance avec Dieu.

LA TERRE PROMISE

En approchant de Canaan, les Israélites découvrirent une terre habitée par un peuple qui résistait à leur conquête, aussi se rebellèrent-ils. Pour les punir de leur manque de foi, Dieu les condamna à quarante ans d'errance dans le désert. Lorsque la génération suivante eut conquis Canaan, la terre fut répartie entre les douze tribus d'Israël, descendantes de Jacob. Ci-dessus, la vallée du Jourdain, située dans l'ancienne Canaan.

DIEUX DE CANAAN

Le peuple qui occupait cette terre vénérait plusieurs dieux, notamment Baal, l'un des plus populaires. Ces croyances païennes étaient considérées comme une menace pour la religion des Israélites.

Déesse
de la fertilité

Statue en bronze
de Baal

Moïse sur le mont Sinaï, illustration d'une bible du XIVᵉ siècle

LES PREMIERS ROIS

L'avènement d'une monarchie dans l'ancien Israël est le résultat d'un long processus. Lorsque les Israélites s'installèrent en Canaan, cela provoqua d'innombrables conflits avec les Philistins, qui finirent par l'emporter à la fin du XIe siècle av. J.-C. Face à cette défaite, le peuple israélite réclama l'instauration d'une monarchie qui unirait toutes les tribus d'Israël. Il attendait des rois justes et bons, mais beaucoup s'illustrèrent par leur injustice. Quand, avec la complicité des prêtres, ils opprimaient les pauvres et proclamaient des lois injustes, les rois étaient fustigés par des prophètes qui réclamaient également des réformes morales et religieuses. D'ailleurs, souvent considérés comme des ennemis du pouvoir, les prophètes étaient punis pour avoir dit la vérité.

L'ONCTION DE SAÜL
Durant des siècles les Israélites furent gouvernés par des chefs de tribus, appelés des juges. Puis, avec le prophète Samuel, ils implorèrent Dieu de leur accorder un roi. Saül, connu pour sa bravoure, fut le premier choisi pour régner et unifier les tribus d'Israël. Au cours de son règne (v. 1030-1004 av. J.-C.), il leva une armée et fit la guerre à de nombreux ennemis. Mais Saül désobéit souvent à Dieu et perdit finalement la vie au cours d'une bataille contre les Philistins.

LE PEUPLE DE LA MER
Les Philistins étaient appelés le peuple de la mer. Partis en bateau de la région de l'Egée en direction de l'Egypte, ils s'installèrent tout le long de la côte de Canaan. Des objets très sophistiqués, datant du XIIe siècle av. J.-C., comme ci-dessus, ont été découverts lors de fouilles et révèlent une culture très développée.

« Louez Dieu, tous les peuples,
fêtez-le, tous les pays !
Fort est son amour pour nous,
pour toujours sa vérité ! Alléluia ! »

PSAUME 117

Jérusalem, illustration d'un manuscrit du XVe siècle

Jérusalem est aussi appelée la Cité de David.

La lyre du roi David devait ressembler à cet instrument appelé kinnor.

JÉRUSALEM
Jérusalem était une forteresse cananéenne jusqu'à sa prise par les Jébuséens (groupe d'origines mêlées). Lorsque David s'empara de la ville en 1000 av. J.-C., il en fit la capitale de son nouveau royaume et y installa l'Arche d'alliance. Elle devint ainsi le centre politique et religieux.

LE ROI DAVID
David, gendre de Saül, est le deuxième roi d'Israël. Il régna trente ans, réunifiant les tribus sous une seule autorité centrale, triomphant aussi des Philistins. Bien que ce fût un guerrier, David est souvent représenté jouant de la lyre. On lui attribue également de nombreux psaumes de la Bible. Les psaumes sont des poèmes ou des hymnes à la gloire de Dieu.

LE ROYAUME DE SALOMON

Salomon, fils de David et de Bethsabée, est le troisième roi d'Israël. Sous son règne, qui fut pacifique, le royaume prospéra. Il fit construire de nombreux édifices magnifiques, dont le Premier Temple de Jérusalem qui devint le lieu de culte central pour tous les Israélites, renforçant ainsi l'importance religieuse de la ville. Mais peu après sa mort, en 931 av. J.-C., le royaume fut scindé entre son fils Roboam et un chef militaire nommé Jéroboam.

Bracelet probablement forgé dans l'or pillé par le Pharaon Shéshonk lors du saccage du Temple

LE ROYAUME DE JUDA

Au sud, le petit royaume de Juda était gouverné par Roboam. La division (le « schisme ») ayant affaibli cette région, le Pharaon Shéshonk put attaquer Jérusalem et piller le Temple. Les Israélites furent alors gagnés par le paganisme et ce n'est qu'au VIIIe siècle av. J.-C., sous le règne du roi Uzziah (783-742 av. J.-C.), que la foi fut rétablie.

Sceau appartenant à un personnage de la cour de Jéroboam

LE ROYAUME D'ISRAËL

Jéroboam régnait sur le royaume d'Israël, partie nord de l'ancien royaume. D'incessants conflits avec ses voisins troublèrent la région avant que la paix et la prospérité ne reviennent, au IXe siècle. Mais, comme Juda au sud, cette prospérité livra Israël aux influences païennes.

Le roi Salomon lisant la *Torah*, illustration d'un manuscrit médiéval

Isaïe, détail d'un vitrail du XIIe siècle

LES PROPHÈTES

Les prophètes étaient des hommes qui prêchaient la parole de Dieu. Ils démêlaient le vrai du faux, dénonçaient les injustices, surtout lorsqu'elles étaient le fait du roi. Le prophète Isaïe, par exemple, s'élevait contre ceux qui enfreignaient la loi religieuse, et revendiquait la justice pour les pauvres.

LES NOUVEAUX MAÎTRES

Le prophète Amos prédit la destruction d'Israël et le prophète Michée, celle de Juda. À partir du milieu du VIIIe siècle av. J.-C., les deux royaumes furent défaits par une succession de conquérants étrangers. Chaque nouveau règne modifiait le mode de vie et la religion des Israélites. Sous les dominations assyrienne et babylonienne, les Israélites furent exilés et le Temple détruit. Près de 200 ans plus tard, un roi perse plus tolérant les autorisa à rentrer et à reconstruire le Temple. Vers la fin de la domination grecque, le royaume de Juda, miné par l'instabilité, connut un court intermède d'indépendance sous la dynastie hasmonéenne.

GARDE PERSE
Le roi Cyrus le Grand de Perse laissa les peuples conquis libres de suivre leurs coutumes.

LES ASSYRIENS
En 722 av. J.-C., l'armée assyrienne envahit Israël. Le roi Sargon II déporta de nombreux Israélites en Mésopotamie et installa de nombreux Assyriens en Israël. En 701 av. J.-C., ce fut le tour du royaume de Juda. Jérusalem fut épargnée, mais pas Lakish, au sud-ouest, qui fut détruite.

L'EMPIRE DE BABYLONE
Au VIe siècle av. J.-C., une nouvelle puissance apparut : Babylone. Les Babyloniens envahirent Jérusalem en 586 av. J.-C., détruisant la ville et le Temple. Les Israélites furent exilés afin de briser leur identité nationale et de les empêcher d'organiser leur défense. Cette tablette en argile mentionne la chute de Jérusalem.

LE RÈGNE DU ROI CYRUS
Au milieu du VIe siècle av. J.-C., la Perse devint une puissance dominante et le roi Cyrus le Grand de Perse conquit Babylone en 539 av. J.-C. Il permit aux Israélites, dorénavant appelés Juifs, de retourner à Jérusalem et d'y reconstruire leur Temple. A leur retour, les exilés eurent des difficultés à s'accorder avec les Israélites restés sur place. Malgré ces tensions et le manque de ressources, la reconstruction du second Temple commença en 516 av. J.-C. sous la direction de deux prophètes, Aggée et Zacharie. En 458 av. J.-C., le prophète Esdras revint au pays avec d'autres exilés et mis en place de nouvelles lois destinées à consolider le judaïsme.

L'ensemble du siège de Lakish est illustré sur ce bas-relief ; sur ce détail, la fuite des Israélites

Une maquette reconstituée du second Temple

Pièce perse en or, en usage à cette époque : face, un aigle, pile une fleur de lis

LA RECONSTRUCTION DE JÉRUSALEM

Néhémie, personnage important de la cour perse, nommé gouverneur de Juda en 445 av. J.-C., engagea la reconstruction des remparts de Jérusalem. Non seulement il entreprit de restaurer la ville, mais il s'employa également à introduire des réformes afin de renforcer la religion. Il imposa, par exemple, l'interdiction des mariages mixtes, avec des non-Israélites, et du travail le jour du sabbat.

LA RECONQUÊTE DU TEMPLE

A la mort précoce d'Alexandre, son empire fut divisé. Le royaume de Juda passa sous domination des Séleucides qui régnaient alors sur l'Asie Mineure. Ils levèrent des impôts très lourds, nommèrent des prêtres païens au Temple et interdirent la pratique de la religion juive. Ces attaques provoquèrent la révolte de 167 av. J.-C., lancée par le prêtre Mattathias. Son fils, Judas Maccabée, reconquit le Temple et restaura la religion juive. Aujourd'hui encore, cette victoire est commémorée lors de la fête de *Hanoukka*.

ALEXANDRE LE GRAND

En 332 av. J.-C., Alexandre le Grand, puissant roi de Macédoine, en Grèce, s'empara de Juda et mit fin à la domination perse. Ce nouveau conquérant respecta le Dieu des Juifs et les autorisa à gérer leurs affaires. Beaucoup adoptèrent la culture grecque, appelée l'hellénisme. Mais de nouveaux groupes religieux, notamment les pharisiens et les sadducéens, refusèrent cette intégration. Les premiers observaient toutes les lois rituelles juives, y compris la *Torah* orale (les lois transmises depuis Moïse) et croyaient en une survie après la mort, alors que les seconds se conformaient seulement à la *Torah* écrite (les cinq premiers Livres de la Bible).

Cette pièce en bronze date du règne d'Antigone II (40-37 av. J.-C.), dernier des rois hasmonéens.

Le triomphe de Judas Maccabée

LA DYNASTIE HASMONÉENNE

La victoire de Judas Maccabée instaura une nouvelle lignée de dirigeants, la dynastie des Hasmonéens. Mais, à la déception des pharisiens et des sadducéens, l'influence de la culture hellénistique, contre laquelle ils s'étaient révoltés, ne cessa pas pour autant. Avec le temps, ces nouveaux maîtres se mirent à se combattre entre eux. Rome, la nouvelle puissance émergente, profita de la situation et mit fin à leur règne.

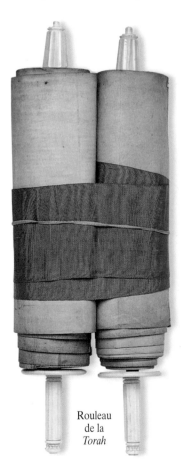

Casque romain en bronze, datant de l'occupation romaine en Judée

LES ROMAINS EN JUDÉE
En 37 av. J.-C., Hérode le Grand reçut le titre de « roi de tous les Juifs ». Bien que son règne fût marqué par la prospérité, il menaça le mode de vie juif. Les considérant comme des rivaux, Hérode fit exécuter plusieurs membres de la famille hasmonéenne. Il favorisa les influences étrangères et plaça un aigle doré (symbole romain) sur le fronton du Temple.

LA PREMIÈRE RÉVOLTE JUIVE
En 66 de notre ère, alors que les Juifs célébraient la Pâque, des soldats romains entrèrent dans Jérusalem et dépouillèrent le Temple de son trésor. Les fidèles se révoltèrent et parvinrent à prendre le contrôle de la ville. La rébellion fut écrasée en 70, par le général romain Titus, et Jérusalem perdit son statut de centre religieux juif. Cette grande victoire romaine est illustrée sur un arc de triomphe, l'arc de Titus, à Rome, en Italie.

LA DOMINATION ROMAINE
Lorsque les Romains s'emparèrent de la Judée (nom romain de Juda) en 63 av. J.-C., ils désignèrent comme dirigeant Antipater, dont le fils Hérode le Grand devint, en 37 av. J.-C., roi de Judée. Les Juifs furent autorisés à pratiquer leur foi, mais le renforcement de la juridiction romaine et l'introduction de pratiques helléniques, survenus après le règne d'Hérode, provoquèrent plusieurs révoltes juives, toutes violemment réprimées par l'armée romaine. En punition, beaucoup de Juifs furent déportés. C'est à cette période que commence ce que l'histoire juive appelle la Diaspora (dispersion), qui a tant pesé sur le caractère du judaïsme.

Symbole païen

Pièce émise par Ponce Pilate

LES PROCURATEURS
Entre 6 et 66 de l'ère chrétienne, la Judée fut gouvernée par des procurateurs romains. Ce fut une période de grande instabilité qui vit l'apparition de rebelles juifs, les zélotes. Ponce Pilate, à la tête de la région de 26 à 36, fut le pire de ces fonctionnaires. Il fit apporter des représentations de César par les légions romaines, utilisa l'argent du Temple pour ériger des monuments et émit une monnaie avec un symbole païen : une crosse recourbée ; c'était l'emblème, très offensant pour les Juifs, du fonctionnaire romain chargé de prédire l'avenir.

Menora, provenant du second Temple, emportée par des soldats romains

Détail d'une frise de l'arc de Titus

Rouleau de la *Torah*

LE JUDAÏSME RABBINIQUE
Après la chute de Jérusalem, les religieux modifièrent l'orientation du judaïsme. Ils créèrent des écoles rabbiniques et remplacèrent les prêtres par des maîtres de la *Torah* appelés « rabbins ». La destruction du Temple fit de la synagogue le nouveau lieu de culte.

« *Massada ne tombera pas une fois de plus.* »

La forteresse de Massada, sur les hauteurs du désert de Judée, surplombe la mer Morte.

LA BATAILLE DE MASSADA

La chute de Jérusalem, en 70 de notre ère, ne mit pas fin à la résistance acharnée des Juifs. Les zélotes contrôlaient toujours l'Herodium, Machéronte et Massada. Les deux premières villes tombèrent d'abord. Mais pour reconquérir Massada, il fallut aux Romains une année de durs combats. Confrontés à cette défaite, près de 960 hommes, femmes et enfants juifs préférèrent le suicide.

La hampe de cette flèche est toujours intacte.

Pointe de flèche

LES RESTES

Les objets découverts lors des fouilles effectuées sur le site de Massada appartenaient probablement aux insurgés. Ces châles de prière, ces sandales en cuir et ces flèches sont autant de témoignages de la réalité des combats.

L'EMPEREUR HADRIEN

Les tensions apparurent à nouveau sous le règne de l'empereur Hadrien (117-138). Les Juifs étaient très hostiles aux nombreux bouleversements qu'il imposa, tels que l'interdiction de la circoncision et la transformation de Jérusalem en ville romaine, qui reçut le nom d'*Aelia Capitolina*.

Bas-relief représentant l'empereur Hadrien

Pièce émise par Bar-Kokhba

LA DEUXIÈME RÉVOLTE JUIVE

La politique d'Hadrien déclencha la révolte de Bar-Kokhba, en 132. Ce soulèvement, mené par Simon Bar-Koziba et soutenu par de grands rabbins, tel le rabbin Akiba, dura trois ans. Des milliers d'insurgés juifs furent tués et des milliers d'autres, vendus comme esclaves. Jérusalem était vidée de sa population juive, dorénavant interdite d'entrée dans la cité. Hadrien donna alors le nom de Palestine à la Judée.

Gravure sur bois du XIIᵉ siècle intitulée *Le Massacre des Juifs*

FAUSSES ACCUSATIONS

En 1144, des Juifs de Norwich, en Angleterre, furent accusés d'avoir assassiné un enfant chrétien dans l'intention de fabriquer le pain de la pâque juive. Cette calomnie, connue sous le nom de la Diffamation du sang, fut propagée pendant des siècles. On accusa également les Juifs d'avoir empoisonné les puits et les rivières et ainsi provoqué la Grande Peste de 1348. Isolés dans les ghettos et suivant des règles d'hygiène plus strictes, les Juifs échappaient souvent à ces épidémies. Cela suscitait de la suspicion et nombre d'entre eux furent agressés ou assassinés.

LE MOYEN ÂGE

Au Moyen Âge (VII-XVᵉ siècles), les Juifs se heurtèrent à l'hostilité des chrétiens qui les rendaient responsables de la mort du Christ. Pourchassés, ils furent expulsés des pays chrétiens, en commençant par l'Angleterre, au XIIIᵉ siècle, puis par la France. En Espagne et au Portugal, c'est au XVᵉ siècle que les attaques se firent les plus fortes. Partout, les Juifs devaient s'acquitter d'impôts particuliers, se vêtir de façon identifiable et, souvent, ils étaient cantonnés dans des ghettos. D'une façon générale, les Juifs vivaient mieux sous domination musulmane que chrétienne.

Chapeau en cloche, marque de déshonneur

L'INSIGNE DU DÉSHONNEUR

Dans certains pays, les Juifs étaient contraints de porter des insignes figurant les tablettes en pierre ou l'étoile de David. Parfois même, ils devaient porter un chapeau pointu. Ce traitement leur était infligé afin de les distinguer des chrétiens et de les humilier.

Soldats musulmans

Croisés

PRÊTEUR

Les Juifs n'avaient pas le droit de posséder des terres, ni d'exercer un certain nombre de métiers. Et comme l'Église interdisait aux chrétiens de prêter à intérêt, de nombreux Juifs devinrent prêteurs sur gages. C'est ainsi que naquit le stéréotype du Juif usurier avide.

LES CROISADES

Au XIᵉ siècle, les Arabes avaient conquis de nombreuses régions, parmi lesquelles la Syrie, la Palestine, l'Egypte et l'Espagne. Pour les Juifs qui y vivaient, la vie devint plus clémente. Mais, à la fin du siècle, les Croisades mirent fin à cette paix relative. Les chrétiens se lancèrent dans une série de guerres saintes, dont l'une devait arracher la Terre sainte aux Arabes. Lorsque, en 1096, les premiers Croisés quittèrent l'Europe en direction de la Terre sainte, ils détruisirent les communautés juives tout le long du chemin. Arrivés à Jérusalem en 1099, ils massacrèrent, sans discernement, Juifs et musulmans.

LA CHRÉTIENTÉ CONTRE LE JUDAÏSME

Pesant sur tous les aspects de la vie quotidienne, l'Eglise était une force déterminante de l'Europe médiévale. Elle proclamait que le seul salut pour les Juifs et autres non chrétiens résidait dans la conversion au christianisme. La supériorité du christianisme sur le judaïsme était un sujet très prisé dans l'art chrétien de l'époque. Le personnage de Synagoga, accablée et portant une lance brisée, symbolisait la religion juive. Quant à la chrétienté, sous les traits d'Ecclesia, elle était toujours représentée couronnée et triomphante.

Intérieur de la synagogue de Tolède, l'une des dix synagogues en Espagne à la fin du XIVᵉ siècle

Image humiliée de Synagoga

Figure altière d'Ecclesia

« L'ÂGE D'OR »

Entre les Xᵉ et XIIᵉ siècles, les communautés juives d'Espagne et du Portugal prospérèrent sous la domination des Arabes. La population juive de certaines cités espagnoles, telles que Grenade et Tarragone, était tellement importante que celles-ci étaient considérées comme des villes juives. Une culture juive originale s'épanouit, avec ses poètes, ses philosophes et ses théologiens, en parfaite coexistence avec les communautés musulmane et chrétienne. Mais, avec la reconquête de l'Espagne par les chrétiens à la fin du XIIIᵉ siècle, le statut des Juifs changea pour le pire. Après un court moment de tolérance, les Juifs furent contraints de se convertir (1391) et furent finalement tous expulsés (1492).

Martin Luther prêchant

Enluminure française du XIIIᵉ siècle

LA RÉFORME PROTESTANTE

Martin Luther (1483-1546), initiateur de la Réforme protestante, éprouvait, au début, de la sympathie pour la détresse des Juifs. Mais, plus tard, il prêcha contre eux, incitant ses fidèles à incendier leurs synagogues et leurs écoles. Il propagea également la diffamation du sang et les calomnies sur l'empoisonnement des puits.

LA VIE DANS LA DIASPORA

Entre les XVIe et XVIIIe siècles, des communautés juives s'établirent dans plusieurs pays d'Europe, dont la Hollande, l'Italie, la France, l'Angleterre et la Pologne, où leur prospérité et leur liberté étaient très variables. La communauté juive d'Amsterdam, par exemple, la plus riche et la plus grande d'Europe occidentale, jouait un rôle important dans l'économie du pays. La situation était très différente en Pologne, où les liens avec la communauté polonaise étaient quasi inexistants et les Juifs, très pauvres. Beaucoup se tournaient vers de faux messies dans l'espoir de trouver le salut. À la différence de leurs coreligionnaires des pays d'Europe occidentale, les Juifs de Pologne ne disposaient pas des mêmes droits que les autres habitants.

SABBATAÏ ZEVI

Les Juifs croient en la venue du Messie qui ouvrira la voie au règne de Dieu. Le plus célèbre des faux messies est Sabbataï Zevi (1626-1676), né en Turquie. Il devint particulièrement populaire en Europe de l'Est où les Juifs souffraient beaucoup. Mais il finit par se convertir à l'islam, décevant ses nombreux adeptes.

LES GHETTOS EN ITALIE

La politique italienne, plutôt favorable aux Juifs jusqu'alors, changea au XVIe siècle. La ségrégation devint obligatoire. Dans les villes comme Venise ou Rome, ils devaient vivre dans des ghettos sales et surpeuplés, ce qui était néfaste pour leur santé. Ils pouvaient, malgré tout, pratiquer leur foi, ce qui favorisa la culture juive. L'illustration ci-dessus représente le ghetto de Rome, dans les années 1880.

LES SÉFARADES

Au cours du XVIe siècle, des Séfarades (descendants des Juifs d'Espagne et du Portugal) s'établirent à Amsterdam. Les Hollandais se montrant tolérants à leur égard, la nouvelle se répandit rapidement et, sans tarder, des Juifs arrivèrent en grand nombre du sud de l'Europe. C'étaient souvent des hommes instruits : docteurs, écrivains, scientifiques et hommes de loi. La communauté juive du pays et l'économie hollandaise s'en trouvèrent renforcées.

La couronne symbolise la gloire de la Torah.

Ashkénazes devant leur synagogue

Manteau de la *Torah* du XVIIIe siècle, utilisé par les Séfarades à Amsterdam

Arche d'Alliance tissée sur le manteau

LES ASHKÉNAZES

Le nombre d'Ashkénazes (Juifs originaires d'Europe de l'Est) s'accrut dans les années 1600. Au début, ils étaient dépendants de la communauté séfarade. Souvent pauvres, ils étaient dépourvus de la richesse et de l'instruction des Séfarades. L'artiste Rembrandt Van Rijn (1606-1669), qui vivait à proximité du quartier juif d'Amsterdam, s'intéressa à leur mode de vie, les peignant souvent au travail, comme sur le tableau ci-dessus.

LES MARCHANDS

Durant le XVIIe siècle, Amsterdam devint un centre important de commerce international. Autorisés à pratiquer leur religion, les Juifs pouvaient également participer librement à la vie économique. Les marchands étaient impliqués dans la banque, le commerce international, les affaires et dans l'industrie du diamant. Ce dernier métier, du commerce des diamants bruts à leur transformation en bijoux, devint une spécialité de la communauté juive.

Diamants

ÉGALITÉ DES DROITS POUR LES JUIFS

A la fin du XVIIIe siècle, dans toute l'Europe, il était question de l'égalité des droits civiques pour les Juifs. En 1789, la France révolutionnaire fut le premier pays du continent à la leur accorder. La Hollande, sous l'influence de la Révolution française, ne tarda pas à abolir toutes les lois discriminatoires. Dans les autres pays européens, le combat pour l'égalité et la liberté se poursuivit durant tout le XIXe siècle.

Napoléon accordant la liberté de culte

Oliver
Cromwell

LES JUIFS D'ANGLETERRE

Alors que les Juifs avaient été expulsés d'Angleterre depuis 1290, quelques-uns, originaires du Portugal, s'y installèrent en 1653. Ils avaient été contraints de se convertir au christianisme, mais ils continuèrent à pratiquer leur religion clandestinement. S'adressant à Cromwell, Manasseh ben Israel (1604-1657), érudit séfarade d'Amsterdam, lui demanda d'abolir les lois discriminatoires. Conscient de la contribution des Juifs à l'économie hollandaise, Cromwell, maître de l'Angleterre depuis la guerre civile, leur ouvrit les portes en 1656. Mais ce n'est qu'en 1829 que les Juifs purent obtenir la citoyenneté anglaise.

LA VIE EN EUROPE DE L'EST

Persécutés, beaucoup de Juifs se réfugièrent en Pologne au cours du XVIe siècle. Vers le milieu du XVIIe siècle, ce pays tolérant en accueillit près de 500 000. Pauvres pour la plupart, ils exerçaient les métiers de camelot, tailleur, cordonnier et vivaient en communautés soudées, les *shtetl*. La synagogue, le rabbin, la *yeshiva* (école rabbinique) et la famille étaient des éléments importants pour les membres du *shtetl*.

Scène du film Un violon sur le toit *qui décrit la vie du* shtetl

LES POGROMES

Au cours du XVIIIᵉ siècle, la Pologne fut envahie par trois puissants voisins, la Russie, l'Autriche et la Prusse. Quasiment tous les Juifs se retrouvèrent sous la domination de la Russie, faisant ainsi de la population juive de ce pays la deuxième du monde. Ils n'avaient le droit de vivre que dans la « zone de peuplement juif », région pauvre. Privés de la liberté de se déplacer, ils avaient peu de possibilités. Les tsars russes, insensibles à leur détresse, tentèrent même, au début, de les contraindre à adopter le mode de vie russe. Le tsar Alexandre II (1818-1881), plus tolérant que ses ancêtres, les autorisa à vivre hors de la « zone de peuplement » et allégea quelques dispositions légales qui pesaient sur eux. Il suscita par là un certain espoir chez ce peuple, mais son assassinat y mit un terme. Victimes de violentes persécutions, appelées pogromes (« dévastation » en russe), des milliers de Juifs s'enfuirent dans la panique générale.

LES TSARS RUSSES
Alexandre II régna de 1855 à 1881. Son assassinat fut imputé aux Juifs, mais il est probable que ce fut plutôt le fait de son propre peuple. Son successeur, Alexandre III, était hostile aux Juifs. Sous son règne (1881-1894), il y eut des pogromes, souvent organisés et encouragés par les autorités.

LE DÉBUT DES POGROMES
La première vague de pogromes (1881-1884) se solda par la mort de centaines de Juifs. Leurs foyers et leurs synagogues furent saccagés et pillés, sous le regard impassible de la police. En 1882, Alexandre III promulgua les Lois de mai, restrictives envers les Juifs et qui visaient à propager l'idée de leur responsabilité dans l'assassinat de son prédécesseur. La seconde vague de pogromes (1903-1906) fut tout aussi meurtrière et destructive.

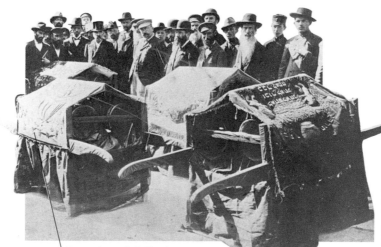

Les rouleaux de la Torah saccagés au cours d'un pogrome, étaient ensuite enterrés par les Juifs.

Des Juifs terrorisés commencent à fuir la Russie.

LA RÉPONSE JUIVE
Les Juifs avaient très peu de moyens de se protéger contre les pogromes. Beaucoup ne virent d'autre solution que de fuir. D'autres s'engagèrent dans les rangs des socialistes qui œuvraient à la transformation de la Russie. Nombre de dirigeants de ces partis étant juifs, cela servit de prétexte à de nouvelles persécutions.

DE NOUVELLES TERRES

Plus de 2 millions de Juifs quittèrent la Russie entre le début des pogromes en 1881 et la révolution russe de 1917. Certains s'installèrent en Europe et en Palestine, d'autres fuirent jusqu'en Amérique du Sud, au Canada, aux Etats-Unis et en Afrique du Sud. La révolution bolchévique marqua la fin du régime tsariste et des restrictions imposées aux Juifs même si ce régime favorisa un antisémitisme redoutable.

Immigration juive, 1880-1914

- ■ Zone de peuplement juif
- ☐ Région d'émigration des Juifs
- ☐ Région d'immigration des Juifs
- ⚘ Foyers de pogromes
- • Villes d'accueil
- → Séfarades
- → Ashkénazes

Des agrumes, produits courants récoltés en Palestine

LA PALESTINE

Près de 70000 Juifs se rendirent en Palestine au cours de la première *Aliya* (mot hébreu désignant le retour en Palestine). Mais, confrontés à de grandes difficultés, seuls la moitié d'entre eux restèrent. Ces derniers reçurent une aide du bienfaiteur juif le baron Edmond de Rothschild (1845-1934). Il acheta des terres pour aider les Juifs à s'installer et introduisit de nouveaux produits agricoles.

Immigrants juifs arrivant aux Etats-Unis

LES ÉTATS-UNIS D'AMÉRIQUE

Les premiers Juifs qui s'installèrent en Amérique du Nord, en 1654, fuyaient les persécutions en Espagne et au Portugal. Avec les pogromes continuels en Russie à la fin du XIXᵉ siècle, des milliers d'entre eux débarquèrent sur les quais de Manhattan, avec l'espoir d'une vie meilleure. Ce pays accueillit plus de Juifs que tout autre et, en 1929, près de 5 millions s'y étaient réfugiés.

UNE NOUVELLE VIE

Les immigrants s'établirent dans des villes comme New York, entassés dans des quartiers surpeuplés. La plupart étaient employés dans la confection par des coreligionnaires. Avec près de 350000 Juifs, l'*East Side* (« quartier est ») de New York devint un quartier typique.

Marché juif dans l'*East Side* de New York dans les années 1900

LE SIONISME

Sion est un mot biblique, souvent utilisé pour désigner Israël. Le sionisme est un courant politique qui se développa au XIXe siècle à la suite des pogromes et de la recrudescence de l'antisémitisme, illustrée par le procès d'un Juif français, Alfred Dreyfus. Les sionistes préconisaient la création de leur propre pays, la Terre d'Israël, comme seule solution face aux persécutions. Theodor Herzl, journaliste qui couvrait le procès Dreyfus, reprit cette conception à son compte et contribua à lancer le premier Congrès sioniste en 1897. Plus tard, le Fonds national juif récolta des fonds pour l'achat de terres en Palestine. Les sionistes reçurent l'aide de l'Angleterre, qui avait pris le contrôle de la région durant la Première Guerre mondiale (1914-1918) : elle promit d'appuyer leur retour en Palestine.

L'APPEL À LA PATRIE
En 1882, Léon Pinsker (1821-1891) écrivit un pamphlet *Autoémancipation* (ci-dessus). Il qualifiait l'antisémitisme de fléau et préconisait, comme seul remède, la création d'une patrie. L'idée du sionisme remonte à près de 2500 ans, époque où les Juifs de Babylone, exilés, aspiraient à un retour au pays. Dans les années 1880, ce mouvement prit une grande ampleur.

Dégradation d'Alfred Dreyfus : ses galons sont arrachés et son sabre brisé.

L'AFFAIRE DREYFUS
En 1894, Alfred Dreyfus (1859-1935), capitaine dans l'armée française, fut accusé, à tort, de trahison. Reconnu coupable, il fut condamné à la prison à vie. Des personnalités comme l'écrivain Emile Zola (1840-1902) apportèrent leur soutien à Dreyfus, victime de l'antisémitisme. Ce n'est qu'en 1906 qu'il fut lavé de toute accusation.

Theodor Herzl, à l'origine du mouvement sioniste

LA SOLUTION
Theodor Herzl (1860-1904), Juif d'origine hongroise, fut profondément choqué par l'antisémitisme dont était victime Alfred Dreyfus. Il prit conscience de la nécessité de trouver une solution à l'antisémitisme régnant, y compris dans les pays où les siens étaient émancipés. En 1896, il publie *L'Etat juif* dans lequel il préconise la création d'un Etat juif en Palestine comme seule solution.

Le congrès sioniste adopta le drapeau juif proposé par Herzl.

LE PREMIER CONGRÈS SIONISTE
Les Juifs, notamment ceux d'Europe occidentale, ne se reconnaissaient pas tous dans la solution de Herzl. Beaucoup estimaient que cela renforcerait l'antisémitisme. Le premier Congrès sioniste quant à lui, qui se tint en 1897 à Bâle (Suisse), lança un appel au retour des Juifs en Palestine et mit en place une organisation sioniste pour les y aider.

גְּאוּלָה תִּתְּנוּ לָאָרֶץ
עַ"י קֶרֶן קַיֶּמֶת לְיִשְׂרָאֵל

אַל תֹּאמַר מָחָר נִגָּאֵל, שְׁמָא נְאַבֵּד אֶת הַמּוֹעֵד.
אוסישקין

...ה וּשְׂעֹרָה וְגֶפֶן וּתְאֵ...
...ת שֶׁמֶן וּדְבָשׁ

*Appel du Fonds national juif
au retour à la terre d'Israël*

L'INSTALLATION

Le Fonds national juif, créé en 1901 dans le but d'acheter des terres pour les Juifs, aidait les immigrants de la seconde *Aliya* (1904-1914). La plupart de ces nouveaux venus s'installaient dans les villes, mais quelques-uns se lancèrent dans l'agriculture, s'organisant parfois en communautés agricoles où travail et produits étaient répartis entre tous. C'étaient les premiers *kibboutzim,* qui n'existent qu'en Israël.

Tel-Aviv
vers 1920

LE DÉVELOPPEMENT DES VILLES

Première ville entièrement juive, Tel-Aviv fut fondée en 1909 pour abriter le nombre croissant d'immigrants. Elle fut construite par les immigrants juifs avec des fonds de soutien. En 1914, cette cité florissante comptait plus de 1 000 habitants.
La même année, le nombre d'habitants juifs de Jérusalem s'élevait à 45 000. Les sionistes envisagèrent de construire la première université hébraïque à Jérusalem, objectif finalement atteint en 1925.

LA DÉCLARATION BALFOUR

Pendant la Première Guerre mondiale, la Grande-Bretagne cherchait à s'assurer le soutien des Juifs. En 1917, lord Arthur Balfour (1848-1930), ministre britannique des Affaires étrangères, rédigea une déclaration envisageant la création d'un foyer national juif en Palestine. Pour les sionistes, c'était une référence de poids. Lorsque, en 1918, la Grande-Bretagne s'empara de cette région, sous domination de l'Empire ottoman depuis 1516, elle reçut mandat pour la gouverner. L'Angleterre se trouva alors prise entre sa promesse aux Juifs et l'inquiétude des Arabes de Palestine.

*Portrait de lord
Balfour sur cette version
commémorative de sa déclaration*

LE POUVOIR NAZI
Une des nombreuses affiches de propagande éditées par les nazis. On y lit : « Une seule liberté pour l'Europe », revendiquant l'ordre nazi comme seule solution pour ce continent.

UN NOUVEAU CAUCHEMAR

En 1933, Adolf Hitler (1889-1945) devint chancelier de l'Allemagne. Avec cet événement commençait une longue tragédie pour les Juifs du monde entier. Un programme de haine, organisant leur élimination méthodique, guidait le parti d'Hitler, le parti nazi. Ainsi, les nazis lancèrent une campagne de propagande fustigeant les Juifs. Aux écoliers, ils inculquaient la haine des Juifs, à leurs parents, ils ordonnaient le boycott des magasins israélites. Ils promulguèrent également des lois antisémites à la suite desquelles de nombreux Juifs furent agressés ou assassinés. En 1937, plus d'une centaine de milliers d'entre eux avaient fui l'Allemagne, alors qu'Hitler envahissait des pays voisins, préparant un sort identique à leurs ressortissants juifs.

REPRÉSAILLES ÉCONOMIQUES
En avril 1933, les nazis organisèrent une journée de boycott des magasins juifs. Le but était de convaincre la population que les Juifs étaient des capitalistes avides et que la meilleure façon de les combattre était de les boycotter. Des gardes nazis étaient placés devant certaines boutiques, parfois des panneaux avertissaient les gens de ne pas entrer. Ci-dessus on peut lire : « Allemagne ! Résiste ! N'achète pas aux Juifs ! »

CALOMNIES INSTITUTIONNALISÉES
La propagande joua un rôle essentiel dans le succès du régime. Les nazis l'utilisèrent sous toutes ses formes – tracts, radio, films, affiches – pour désigner les Juifs comme des êtres inférieurs, responsables des problèmes économiques de l'Allemagne. Il y eut même un ministre de la Propagande, dont la fonction était de diffuser de telles calomnies. En pesant ainsi sur les consciences, les nazis pensaient pouvoir appliquer leur politique sans trop de résistance.

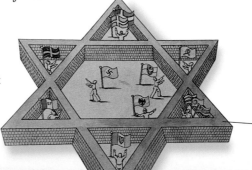

Détail d'un tract nazi insinuant que les Juifs construisaient des murs pour diviser les peuples.

AUTODAFÉ
En 1933 et en 1936, les nazis saccagèrent les librairies et les bibliothèques, s'emparant de milliers d'ouvrages, dont beaucoup écrits par des Juifs, mais aussi par des non-Juifs, comme l'Américain Ernest Hemingway qui désapprouvait les nazis. La population fut encouragée à manifester son antisémitisme en brûlant tous ses livres.

Passeport d'une femme juive

LA MARQUE « J »

A la fin de 1933, près de 38 000 Juifs avaient quitté l'Allemagne, principalement à destination de l'Angleterre et des Etats-Unis. Entre 1934 et 1939, 210 000 autres partirent, payant souvent de fortes sommes pour le prix de leur liberté. En effet, leurs papiers d'identité étaient marqués de la lettre « J » et portaient le nom hébreu d'Israël pour les hommes et de Sarah pour les femmes. Malgré ces vexations, tous ces gens eurent de la chance car, après 1939, les Juifs n'avaient plus le droit de quitter l'Allemagne.

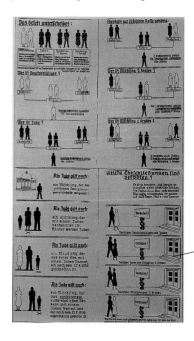

Des tableaux détaillés indiquaient comment appliquer les lois de Nuremberg.

LES LOIS DE NUREMBERG

Le régime nazi promulgua plusieurs séries de lois restrictives à l'égard des Juifs, dont les pires, les lois de Nuremberg, datent de 1935. Elles interdisaient aux Juifs d'épouser des non-Juifs et d'exercer certains métiers comme celui d'enseignant. Le but était de les évincer de tous les domaines de la vie allemande, sociale et économique. Ces lois s'étendaient aux pays sous occupation nazie.

L'ANTISÉMITISME À L'ÉCOLE

Les nazis pensaient que, pour assurer l'avenir de leur parti, ils devaient gagner à leur cause la conscience des jeunes enfants. Les livres scolaires furent revus et corrigés pour être conformes à la propagande antisémite. Les enfants allemands apprenaient qu'ils appartenaient à la « race aryenne » (race dite « supérieure », blonde, à peau claire). En 1939, il était obligatoire pour les moins de 18 ans d'adhérer aux Jeunesses hitlériennes. Puis les enseignants et les élèves juifs finirent par être tous exclus des écoles allemandes.

Détail d'un livre scolaire nazi destiné à illustrer la supériorité de la « race aryenne »

LA NUIT DE CRISTAL

En 1938, les nazis lancèrent leur première attaque généralisée contre les communautés juives. Ils incendièrent les synagogues, saccagèrent les foyers, les entreprises et les magasins juifs. Ces exactions sont restées célèbres sous le nom de « Nuit de cristal ». Des milliers de Juifs furent arrêtés, beaucoup furent assassinés. Peu après, l'armée allemande envahit les pays voisins et fit subir à leurs citoyens juifs les mêmes brutalités et persécutions. En 1939, l'invasion de la Pologne, peuplée de 3 millions de Juifs, scella le destin tragique des Juifs d'Europe.

Synagogue en flammes à Berlin

Restes carbonisés d'une synagogue, une des 600 détruites

LA SHOAH

Le mot hébreu *shoah* (« catastrophe ») décrit le génocide qui se déroula pendant la Seconde Guerre mondiale (1939-1945), l'extermination massive entreprise par les nazis dans l'intention de supprimer l'ensemble des Juifs. Six millions d'entre eux furent assassinés, ainsi que d'autres populations jugées indésirables. L'intensité des persécutions était variable selon le pays occupé par l'Allemagne et c'est en Europe de l'Est qu'elles furent les plus brutales. Dans les pays directement sous contrôle nazi, les chances de survie étaient infimes. Les Juifs étaient parqués dans des ghettos en attendant d'être déportés vers les camps de concentration ou d'extermination. Malgré cette situation désespérée, la résistance s'organisa, beaucoup de non-Juifs s'engagèrent également, risquant leur vie, pour protéger les Juifs.

L'ÉTOILE JAUNE

A partir de 1942, tous les Juifs résidant dans les pays occupés par les nazis devaient porter l'étoile jaune de David. Cette mesure (héritée des vexations du Moyen Age) visait à les humilier. La couleur jaune symbolisait la honte. Tout Juif âgé de plus de 10 ans devait s'y conformer sous peine d'être fusillé.

Camp d'extermination d'Auschwitz

L'INSURRECTION DU GHETTO DE VARSOVIE

L'acte de résistance le plus connu est l'insurrection du ghetto de Varsovie (près de 445 000 Juifs s'entassaient dans ce ghetto polonais insalubre). Le soulèvement commença en 1943, lorsque des résistants juifs, s'étant procuré des armes, attaquèrent des soldats allemands. Mais l'armée allemande intervint rapidement en incendiant les bâtiments pour déloger la population de ses abris. On estime à 7 000 le nombre de tués dans le ghetto ; quant aux survivants, ils furent déportés vers les camps d'extermination.

LES CAMPS DE CONCENTRATION

Au début, les nazis installaient des unités mobiles d'extermination. Ces escadrons de la mort se déplaçaient de région en région, pour supprimer des Juifs. Plus tard, ils instituèrent des camps de concentration pour les exterminer en masse. Les principaux camps d'extermination, notamment Treblinka et Auschwitz, étaient situés en Pologne. Auschwitz était de loin le plus grand, 12 000 Juifs y étaient assassinés chaque jour.

Des survivants raflés par les nazis

Cette boîte de conserve trouvée à Auschwitz contenait des cristaux de gaz au cyanure.

LES CHAMBRES À GAZ

Ce fut à Auschwitz que les nazis perfectionnèrent leur méthode d'extermination. En 1941, ils employaient des cristaux de gaz pour tuer quelques victimes dans une chambre à gaz improvisée. Mais, à la fin 1942, ils avaient transformé deux fermes en chambres à gaz pouvant contenir plusieurs centaines de personnes, qu'ils faisaient fonctionner jour et nuit. Puis, en 1943, ils en construisirent d'autres qui contenaient 2 000 personnes.

Anne Frank

L'HISTOIRE D'ANNE FRANK

Anne Frank était toute jeune lorsque ses parents décidèrent de quitter l'Allemagne pour fuir la politique antisémite d'Hitler. Ils s'installèrent à Amsterdam, en Hollande. En 1942, alors qu'Anne avait 13 ans, la famille dut se cacher dans un grenier, au-dessus du bureau du père. La jeune fille se mit à écrire son journal sur un petit carnet qu'on lui avait offert. Découverts par les nazis, Anne et les siens furent déportés à Auschwitz où presque tous, dont l'adolescente, périrent. Le journal fut retrouvé après la guerre et publié en 1947. Depuis, il a été traduit en plus de 50 langues.

Le journal d'Anne Frank

PRISONNIERS À AUSCHWITZ

Dès leur arrivée, hommes, femmes et enfants étaient contraints d'endosser des uniformes dégoûtants. Les conditions de vie dans les camps étaient inhumaines et la plupart des déportés y mouraient.

« Lorsque je pense à notre vie ici, je me dis que c'est le paradis à côté de ce que doivent endurer les autres Juifs qui ne sont pas cachés. »

ANNE FRANK

L'UNIFORME

A Auschwitz, un numéro était tatoué sur l'avant-bras gauche des prisonniers pour les identifier. Les noms étaient occultés dans le but de déshumaniser les victimes. Un insigne triangulaire, jaune pour les Juifs, rouge pour les politiques, vert pour les criminels, brun pour les Tziganes et rose pour les homosexuels, était cousu sur le devant de leur uniforme.

Ce qu'il reste de l'usine Schindler, en Pologne aujourd'hui

Oskar Schindler

DES ACTES D'HÉROÏSME

Des milliers de gens risquèrent leur vie pour sauver des Juifs. Certains disposaient d'une situation en vue, comme le diplomate suédois Raul Wallenberg (1913-1945), qui fournit de faux papiers et des passeports. Mais beaucoup étaient des gens ordinaires. En France, le père Pierre-Marie Benoît (1895-1990), moine à Marseille, aida des milliers d'enfants juifs à passer clandestinement en Suisse ou en Espagne. Oskar Schindler (1908-1974), industriel polonais, engagea des prisonniers juifs dans son usine, sauvant ainsi plus de mille d'entre eux d'une mort certaine.

LES SUITES DE LA GUERRE

La Seconde Guerre mondiale et la Shoah prirent fin en 1945. Un tiers de la population juive mondiale avait été exterminée selon les plans d'Hitler, des millions de Juifs avaient été déplacés à travers l'Europe. Beaucoup ne voulaient pas retourner chez eux. Ils furent regroupés dans des camps de personnes déplacées, tandis que quelques auteurs du génocide étaient traduits devant les tribunaux. Une fois de plus, l'appel pour une patrie juive rencontra un large écho et aboutit, cette fois-ci, à la création, en 1948, de l'État d'Israël mais, malheureusement, cela n'apporta pas la paix et la sécurité tant souhaitées.

LES SURVIVANTS

On estime à 200 000 les Juifs qui échappèrent la Shoah en se cachant ou en dissimulant leur judaïté. Beaucoup d'enfants furent confiés à des familles non juives, d'autres à des couvents. Henri Obstfeld, sur la photo ci-dessus, survécut caché des nazis et ne revit ses parents qu'après une séparation de trois ans.

Ses parents envoyèrent ce petit livre à Henri alors qu'il était caché.

LES PERSONNES DÉPLACÉES

Avec la guerre, plus de 1,5 million de personnes se retrouvaient privées de foyer. Près de 250 000 d'entre eux étaient des Juifs. Certains retournèrent chez eux avec l'espoir de reconstruire leur vie. Mais cela se révéla difficile, car l'antisémitisme n'avait pas pris fin avec la guerre. En Pologne, par exemple, ils trouvaient leurs maisons occupées et se faisaient souvent agresser. La majorité des survivants se réfugièrent dans les camps pour personnes déplacées où on leur fournissait la nourriture et les médicaments indispensables.

Une mère avec ses enfants dans un camp

Affiche sioniste appelant les survivants à se rendre en Palestine plutôt que dans d'autres pays

DE NOUVEAUX FOYERS

Cinq ans après la fin de la guerre, il y avait encore des survivants ne sachant où aller. Les sionistes espéraient installer autant de gens que possible en Palestine. Mais la Grande-Bretagne, qui avait toujours mandat pour gouverner la région, n'accepta d'en accueillir que 13 000. De nombreux survivants s'y rendirent donc clandestinement, empruntant parfois des voies fort dangereuses. Quelque 70 000 Juifs entrèrent ainsi en Palestine.

LES PROCÈS DE NUREMBERG

En 1945, les Alliés (la Grande-Bretagne, les Etats-Unis, la France et l'Union soviétique) se mirent d'accord pour juger 24 hauts responsables nazis, en Allemagne. Lors du procès de Nuremberg, qui dura onze mois, les nazis furent jugés pour crimes contre l'humanité. Le procès se solda par des condamnations à mort, des peines de prison et des acquittements. Aujourd'hui encore, des auteurs de crimes de l'époque sont jugés. Beaucoup ne seront peut-être jamais découverts : souvent, ils ont changé d'identité et ont fui à l'étranger, en bénéficiant de complicités diverses, notamment en Amérique latine, pour éviter d'être arrêtés.

L'ÉTAT D'ISRAËL

La pression pour trouver une patrie qui accueillerait les survivants devint très forte. Beaucoup voulaient se rendre en Palestine, mais ne le pouvaient pas. En 1948, le mandat britannique sur la région prit fin et la Grande-Bretagne retira ses forces. Malgré une opposition farouche des Etats arabes, les Nations unies imposèrent la partition de la Palestine afin de permettre la création de l'Etat d'Israël. Quelque 50 ans plus tard, le rêve de Theodor Herzl devenait réalité.

Des enfants agitent
le nouveau drapeau d'Israël, en 1948, à Londres.

DE NOUVEAUX CONFLITS

Des milliers de Juifs rejoignirent le nouvel Etat. Parmi eux, les survivants de la guerre, mais aussi des Juifs non européens voulant se rendre dans la mère patrie. Entre 1948 et 1951, près de 700 000 immigrants s'installèrent dans le nouvel Etat. Depuis, Israël a survécu à plusieurs guerres, dont celle pour l'indépendance, en 1948, la guerre des Six-Jours (1967), celle de Kippour (1973). Durant la guerre de 1967, l'armée israélienne s'empara de Jérusalem Est, recouvrant l'un des lieux saints les plus importants du judaïsme, le Mur occidental (*kotel* en hébreu). Cette victoire est célébrée lors du Jour de Jérusalem.

Les Israéliens célèbrent
le premier Jour de Jérusalem,
en 1967.

LE PASSÉ

De nombreux pays ont fait édifier un mémorial en souvenir des victimes du nazisme. Beaucoup de gens estiment qu'il ne faut pas oublier les horreurs du passé. En Israël, la tragédie est commémorée lors du *Yom Hashoah* (Jour de la catastrophe).

Mémorial de la déportation en forme de main tendue vers le ciel, à South Beach en Floride, aux Etats-Unis

LA SYNAGOGUE

La synagogue est un important lieu de prière autour duquel s'articule la vie juive. Le terme lui-même est issu d'un mot grec qui signifie « rassemblement ». La synagogue a été essentielle pour la survie de la foi juive. Après la destruction du second Temple en 70 de notre ère, les rabbins défendirent l'idée d'une maison de prière qui permettrait de maintenir la foi vivante parmi les Juifs de la Diaspora. L'importance du Temple n'a jamais été oubliée et, aujourd'hui encore, lors de la construction d'une synagogue, on laisse souvent un mur sans plâtre en souvenir de sa destruction.

Contrairement aux églises chrétiennes, l'extérieur du bâtiment ne suit aucun style particulier. L'architecture reflète souvent la culture du pays où il se situe. En revanche, la disposition intérieure se conforme à un modèle établi.

Chaque minaret s'élève à 43 mètres du sol.

UN LIEU D'ÉTUDE ET DE PRIÈRE
La synagogue s'appelle aussi *bet ha-midrash*, ce qui signifie « maison d'étude », rappel du lien étroit unissant la prière et l'étude de la *Torah*. Les synagogues dispensent des cours consacrés aux textes rabbiniques, destinés aux garçons et aux jeunes hommes.

SYNAGOGUE OUVRAGÉE
Accueillant 3 000 personnes, la synagogue Dohany, à Budapest, en Hongrie, est la plus grande d'Europe. Construite en 1859, son aspect ouvragé et ses tours en forme de minaret témoignent de l'influence islamique.

Maquette de la synagogue Kaifeng

SYNAGOGUE PAGODE
La synagogue de Kaifeng en Chine était l'un des lieux de culte les plus originaux. Elle fut construite en 1163, par les descendants de marchands de soie juifs originaires de Perse (l'actuel Iran). Reconstruit à plusieurs reprises, le bâtiment fut détruit au milieu du XIXᵉ siècle, alors que la communauté juive de Chine s'était considérablement réduite.

Synagogue Hechal Yehuda

UNE SYNAGOGUE MODERNE
Cette synagogue séfarade à Tel-Aviv, en Israël, est conçue pour faire face à la chaleur du climat. Construite en béton, en forme de grande carapace, l'extérieur blanc réfléchit la chaleur, tandis que l'intérieur caverneux laisse circuler l'air frais. En Israël, toutes sortes de synagogues, anciennes et modernes, coexistent.

Une lumière éternelle
est toujours placée
devant l'Arche.

Les femmes
assistent au
service dans
cette pièce.

L'INTÉRIEUR D'UNE SYNAGOGUE

Les synagogues ont toutes la même
disposition intérieure. Cette coupe de la
synagogue Vieille-Nouvelle de Prague,
en République tchèque, illustre
l'agencement typique de ces lieux
de culte. Chez les orthodoxes, les
femmes ont un secteur réservé ;
chez les réformés, hommes
et femmes sont ensemble.

MOTIFS RELIGIEUX

Les décorations d'une synagogue,
souvent des symboles religieux,
reflètent la richesse de la
communauté qui s'y regroupe.
Le vitrail ci-dessus représente
l'étoile de David et la
menora.

Bima *(estrade)*,
d'où est lue
la Torah

L'Arche contient les
rouleaux de la Torah.

Deux lions
évoquent la tribu
de Juda.

L'aigle couronné
est un autre motif
populaire.

Les tablettes
de pierre
représentent
les Dix
Commandements.

UN INTÉRIEUR CONTEMPORAIN

Le bâtiment de la congrégation de Bet Shalom, en
Pennsylvanie, aux Etats-Unis, a été réalisé par Frank
Lloyd Wright, en 1953. Les synagogues contemporaines,
particulièrement aux Etats-Unis, ont l'allure de grands
auditoriums baignés de lumière naturelle.

L'ÉLÉMENT SACRÉ

L'élément principal d'une synagogue est l'armoire
qui contient les rouleaux de la *Torah*. L'Arche,
comme elle se nomme, est toujours placée sur un
mur orienté vers Jérusalem. Destiné à recevoir
l'objet le plus sacré du judaïsme, ce meuble est
toujours très travaillé. Cette Arche très
sophistiquée provient d'une synagogue
de New York, aux Etats-Unis.

LA PRIÈRE

Pour le judaïsme, comme pour toute religion, la prière est essentielle. Les Juifs sont censés prier trois fois par jour : matin, après-midi et soir. Cela peut se faire seul, mais il est préférable de prier en un groupe d'au moins dix personnes (des hommes chez les orthodoxes), appelé *minyan*. Les prières sont regroupées dans le livre appelé *siddur*, et la plus connue est le *Shema* qui proclame la suprématie de Dieu. Bien qu'aucune loi n'impose de mode vestimentaire, en général, pour prier, les hommes mettent une calotte, appelée *kippa* ou *yarmulka*, et un *tallith*, châle de prière. Le matin, hors sabbat ou fête, ils portent également les *tefillin* (deux petites boîtes contenant des textes sacrés). Chez les non-orthodoxes, les femmes aussi se revêtent parfois de ces objets.

MEZOUZA
La *mezouza* est un petit boîtier qui contient un parchemin avec les mots du *Shema*. Souvent très ouvragée, elle peut être réalisée en n'importe quel matériau. Les familles juives placent ces petits objets sur le montant de la porte d'entrée et parfois sur toutes les portes de la maison (sauf les toilettes).

*« Écoute Israël,
le Seigneur ton Dieu,
le Seigneur est Un ! »*

PREMIER VERSET DU *SHEMA*

TALLITH
Les *tallith* sont parfois superbement brodés et décorés, mais les franges (*tsitsit*), à chaque angle, sont la partie la plus importante du châle. Le livre de l'Exode évoque le port de ces franges comme une manifestation d'obéissance à Dieu. Les hommes, parfois les femmes, portent le *tallith* pour la prière. Les Juifs orthodoxes portent en permanence les *tsitsit*.

KIPPA
Beaucoup d'hommes ne portent la *kippa* que pour la prière, alors que d'autres la portent tout le temps. Se couvrir la tête est un signe de respect, rappelant ainsi la présence constante de Dieu.

LE MUR OCCIDENTAL
Le Mur occidental (*kotel*) est tout ce qui reste du second Temple de Jérusalem, en Israël. Datant du premier siècle de notre ère, cette ruine est le lieu saint le plus important du judaïsme. Les fidèles viennent prier devant le Mur et déposent souvent des messages écrits dans les interstices des pierres. On l'appelle aussi « Mur des Lamentations ».

Chaque petite boîte contient des extraits de la Torah et le texte du Shema

TEFILLIN

Chez les orthodoxes, les hommes portent les *tefillin* pour la prière du matin. Une boîte est fixée sur le front afin que la pensée du fidèle soit tout à sa foi. L'autre est enroulée autour du bras gauche, le plus proche du cœur.

Le cuir de ces lanières vient d'un animal casher.

Tefillin enroulée autour du front

Les droitiers portent les tefillin au bras gauche.

Siddur

LES PRIÈRES

La religion juive a des prières pour toutes les occasions. Nombre d'entre elles sont définies et destinées à des moments particuliers comme le *Yom Kippour*. Elles reprennent des passages de la *Torah*. Le *Shema* est l'une des plus importantes. C'est généralement celle que les enfants apprennent en premier et qu'ils disent tous les soirs avant de s'endormir. Mais un Juif se doit aussi de réciter ses propres prières quotidiennes afin de se rapprocher de Dieu.

Chaque frange est dotée de cinq nœuds en mémoire des Cinq Livres de Moïse.

SIDDUR

Outre les prières, le *siddur* contient de nombreuses bénédictions destinées à la vie courante. Le mot lui-même signifie « ordre », car les prières sont écrites dans l'ordre où il faut les réciter durant l'année ; c'est aussi pour rappeler que Dieu a créé le monde dans un certain ordre.

LES LIVRES SAINTS

La Bible hébraïque est composée de trois livres : la *Torah* (mot hébreu signifiant « enseignement »), les *Nebiim* (« Prophètes ») et les *Ketoubim* (« Écrits »). La *Torah*, également appelée les Cinq Livres de Moïse, est celui qui compte le plus dans la vie quotidienne. Certains Juifs pensent que les mots de la *Torah* sont les mots mêmes de Dieu révélés à Moïse, sur le mont Sinaï. Ce livre retrace l'histoire des débuts de la religion juive, mais il dicte également des lois pour tous les aspects de la vie quotidienne, que les fidèles suivent en signe d'obéissance à Dieu. Du moment même où un scribe qualifié commence à copier un rouleau jusqu'à son utilisation dans la synagogue, la *Torah* est toujours maniée avec une grande déférence.

LES CINQ LIVRES DE MOÏSE
La Genèse est le premier livre de la *Torah*. Il relate la création du monde ainsi que l'histoire d'Adam et Eve (illustrée ci-dessus) et celle des Patriarches : Abraham, Isaac et Jacob. Les quatre autres livres sont l'Exode, le Lévitique, les Nombres et le Deutéronome.

Echantillon de parchemin avec des lettres et des signes hébraïques

LE SCRIBE
Depuis toujours, la *Torah* est écrite à la main. Le scribe, ou *sofer*, met parfois un an à recopier soigneusement chaque mot. Ces hommes sont des juifs religieux qui suivent une formation de sept ans. Une fois le rouleau de la *Torah* terminé, il doit être vérifié plusieurs fois avant d'être utilisé dans une synagogue.

Plume casher

LES OUTILS DU MÉTIER
Pour recopier les rouleaux de la *Torah*, il faut un matériel approprié. L'encre doit être préparée de façon particulière et, pour écrire le texte, seule une plume *casher* est autorisée. Le parchemin doit provenir d'un animal *casher*, abattu pas seulement pour son cuir.

Encre
spéciale

Ce texte est rédigé en colonnes.

LES MANUSCRITS DE LA MER MORTE

En 1947, des fragments de manuscrits anciens ont été découverts dans les grottes de Qumrân, près de la mer Morte, en Israël. Ils sont composés de textes provenant de quasiment tous les livres de la Bible hébraïque. Écrits entre 150 av. J.-C. et 68 de notre ère, ils auraient appartenu à la communauté essénienne, ancienne secte juive. En étudiant les manuscrits de la mer Morte, on constate que le contenu de la Bible a été très peu modifié depuis l'époque romaine.

Cet encrier trouvé à Qumrân servait peut-être aux scribes de l'époque.

LE YAD

La *Torah* se lit en suivant le texte avec le *yad* (« main » en hébreu). Cela évite que le manuscrit, écrit à la main, soit abîmé. Car, si une seule lettre est endommagée, le rouleau n'est plus digne d'être utilisé à moins d'être restauré par un scribe.

LA TORAH

La *Torah* est le livre le plus sacré. Il contient 613 commandements, autant d'instructions pour mener une vie pieuse. Du temps de Moïse, les lois étaient transmises de bouche à oreille. Bien plus tard, elles furent consignées par écrit afin de ne pas tomber dans l'oubli. Chez les orthodoxes, les fidèles se conforment très strictement aux lois de la *Torah*. Mais, de nos jours, beaucoup de Juifs ne suivent que celles qui sont compatibles avec la vie moderne.

Le rouleau de la Torah est élevé à la fin du service religieux afin que toute la congrégation puisse le voir.

Les rouleaux sont toujours déroulés et enroulés sur de telles poignées.

LA LECTURE DU ROULEAU

La lecture du livre de la *Torah* se déroule sur une année complète et, lors de chaque sabbat, une section est chantée à la synagogue. Lorsque la *Torah* est extraite de l'Arche, tous les membres de la congrégation se lèvent en signe de respect.

ÉCRITS ET PENSEURS

Le judaïsme a toujours accordé une grande importance au savoir, comme l'illustrent les nombreuses compilations du *Talmud* et du *Midrash*. Le *Talmud*, devenu le livre religieux le plus important après la *Torah*, est un recueil des interprétations de milliers de rabbins qui, au fil du temps, ont étudié la *Torah*. Des érudits, dont Rachi, le grand exégète médiéval, et Maïmonide, connu pour ses travaux philosophiques et religieux, ont enrichi l'ouvrage avec leurs pensées et leurs pratiques religieuses. Plus orientés vers la mystique, d'autres lettrés consignèrent des traditions orales dans ce qui devint la *Kabbale*. Un autre livre, la *Haggada*, devenu indispensable dans la vie juive, relate l'histoire de l'Exode d'Égypte.

L'arche de Noé

LE MIDRASH
Le *Midrash* est un recueil de textes qui reprend les différentes histoires contées dans la Bible hébraïque, comme celle de Noé ou celle de Jonas. Écrits par les rabbins, leur objectif est de donner des leçons de morale.

LE TALMUD
Le *Talmud* (« étude » en hébreu) est un recueil de lois juives (la *Mishna* des II⁰ et III⁰ siècles) accompagnées de commentaires (la *Gemaza*). Ces écrits couvrent tous les aspects de la vie juive, des prières aux désaccords d'affaires. Au fil du temps, des rabbins ont ajouté leurs commentaires. Le rabbin Rachi (1040-1105), né en France, est l'un des plus célèbres. Il ouvrit à Troyes une école talmudique influente.

Le texte principal est toujours situé au centre de la page.

Tout autour de la page, les remarques de plusieurs rabbins

« Ne fais pas à ton prochain ce que tu ne voudrais pas qu'il te fasse. Voici le contenu essentiel de la Torah, le reste n'est que commentaire. »

TRAITÉ SHABBAT 31A, LE TALMUD

MAÏMONIDE
Le rabbin Moshe ben Maimon (1138-1204), connu sous le nom de Maïmonide, était un philosophe et un médecin distingué. Né en Espagne, il s'installa en Egypte où il écrivit la *Mishna Torah*, une révision de toutes les lois religieuses juives basées sur le *Talmud*. Il tenta également de réconcilier la foi juive avec la raison héritée de l'enseignement grec du philosophe Aristote.

LA HAGGADA

La *Haggada* (« récit » en hébreu) remonte traditionnellement au roi Salomon (Xe siècle av. J.-C.). Elle retrace l'histoire de la sortie d'Égypte et propose également des bénédictions et des psaumes. Les fidèles la lisent toujours avant le repas de Pâque. L'illustration ci-dessus, extraite d'une *Haggada* pour enfant, représente les dix plaies que Dieu envoya pour punir les Égyptiens.

*« Avant que Dieu
ne se manifeste, alors
que toute chose était encore
dissimulée en Lui,
Il commença par former
un point imperceptible :
Sa propre pensée.
Avec Sa pensée, Il se mit
à construire une forme
mystérieuse et sainte :
l'Univers. »*

LE ZOHAR

Exemplaire
très ancien d'une
Haggada ashkénaze

LE LIVRE DE LA SPLENDEUR

La *Kabbale* (de l'hébreu *kabbalah*, « tradition ») est un mouvement mystique qui offre une interprétation différente de la *Torah*. Ses conceptions ont été transmises oralement et gardées secrètes. Le Livre de la splendeur, le *Zohar*, un des textes majeurs des kabbalistes, introduit de nouveaux rites. La paternité de l'ouvrage est attribuée à Moïse de Léon, qui vécut en Espagne au XIIIe siècle.

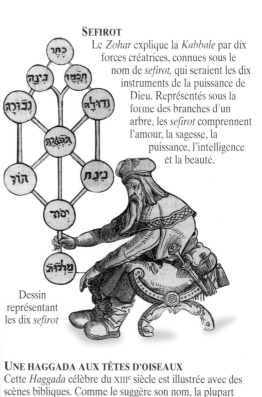

SEFIROT

Le *Zohar* explique la *Kabbale* par dix forces créatrices, connues sous le nom de *sefirot*, qui seraient les dix instruments de la puissance de Dieu. Représentés sous la forme des branches d'un arbre, les *sefirot* comprennent l'amour, la sagesse, la puissance, l'intelligence et la beauté.

Dessin
représentant
les dix *sefirot*

UNE HAGGADA AUX TÊTES D'OISEAUX

Cette *Haggada* célèbre du XIIIe siècle est illustrée avec des scènes bibliques. Comme le suggère son nom, la plupart des personnages arborent une tête d'oiseau. Une *Haggada* moderne relaterait des événements contemporains comme la création de l'État d'Israël ou bien populariserait les conceptions socialistes des *kibboutzim*.

Le prophète
Jérémie

LA JUSTICE ET L'ÉGALITÉ

Il y a plus de 2000 ans, le peuple juif était déjà gouverné par un système d'équilibre des pouvoirs. Le roi n'était pas seul investi du pouvoir de gouverner. C'était le devoir du *Sanhédrin* (la cour suprême de justice juive) d'interpréter les lois de la *Torah* et de les faire appliquer avec justice. Les prophètes stigmatisaient aussi ceux qui portaient atteinte aux intérêts du peuple.

LES VALEURS

Pour les Juifs pratiquants, la *Torah* offre bien plus que l'étude du judaïsme des premiers temps et l'application d'un ensemble de croyances religieuses. Le livre fournit la base des préceptes d'une vie honnête et juste. Non seulement il contient des règles régissant les relations d'un individu avec Dieu, mais également des lois sur le comportement vis-à-vis d'autrui. En outre, la *Torah* diffuse plusieurs valeurs fondamentales : la sainteté de la vie, la justice et l'égalité, la bonté et la générosité, la valeur de l'éducation et la responsabilité sociale. La *mitsva* (commandement) de la bonté envers les étrangers est l'une des plus fréquentes de la *Torah*. Privés de patrie durant des millénaires, les Juifs comprennent ce que c'est que d'être un étranger. La vie humaine est la valeur première et de nombreux commandements peuvent être rompus afin de la préserver. Ces valeurs, essentielles pour toute démocratie, sont autant d'actualité aujourd'hui qu'elles l'étaient aux temps bibliques.

LE RESPECT DE LA VIE

Le judaïsme accorde une valeur importante à la vie humaine. La vie de tous les individus a la même valeur. Ce souci touche également les animaux : pour preuve une des plus anciennes lois condamnant la cruauté envers les animaux se trouve dans la *Torah*. Les foyers juifs commémorent la création du monde lors du sabbat.

L'HOSPITALITÉ

Le devoir de prendre soin des voyageurs et des étrangers est un principe majeur du judaïsme. Abraham, considéré comme le premier Juif, et sa femme Sarah ont toujours fait preuve d'hospitalité, donnant ainsi le ton aux générations futures. Au Moyen Age, de nombreux villages juifs disposaient d'une pension pour accueillir gratuitement les mendiants vagabonds. Un des rabbins du *Talmud* exprima même l'opinion qu'il était plus important d'accueillir un hôte que d'accueillir Dieu par l'étude de la *Torah*.

Détail d'un vitrail représentant Abraham

Les demeures juives ont souvent des troncs pour les aumônes.

LA CHARITÉ

Le terme hébreu pour désigner les actes de charité est *tzedaka*. Il est du devoir de chacun de partager ce qu'il a reçu de Dieu. Chaque semaine, avant le début du sabbat, chacun met des pièces dans la boîte à *tzedaka*. Des collectes sont organisées à l'occasion de fêtes comme celle de *Pourim*, au bénéfice d'organismes charitables. Selon Maïmonide le meilleur acte de *tzedaka* est d'apprendre à quelqu'un à se débrouiller seul en lui enseignant un métier.

LA RESTAURATION DU MONDE

Aimer son prochain comme soi-même est un commandement biblique. Dieu a créé l'homme à son image, les hommes doivent donc être traités avec respect et honneur. L'ignorance et l'intolérance assombrissent le monde, l'amour et la compréhension lui apportent lumière et beauté.

La Hanoukka menora *symbolise le triomphe du bien sur le mal.*

L'ÉDUCATION

La *Torah* insiste sur l'importance du savoir. L'éducation n'est pas seulement considérée comme un moyen d'avoir une carrière intéressante, mais également pour apprendre les bonnes manières aux enfants. Selon la *Torah*, il est du devoir de chacun de s'assurer un bon niveau de vie, tout en respectant les autres et sans se laisser aller à la cupidité.

Rouleau de la Torah *et* yad

LA RESPONSABILITÉ SOCIALE

L'un des commandements ordonne de se soucier de la santé d'autrui, comme Dieu le fit en rendant visite à Abraham lorsqu'il était malade. Sur l'illustration ci-dessus, le personnage biblique de Job, qui endura de grandes souffrances, reçoit la visite d'amis. Le devoir de prendre soin les uns des autres s'est perpétué dans les communautés juives.

41

LA NOURRITURE CASHER

L'alimentation, comme tous les aspects de la vie juive, est gouvernée par des lois. Les règles diététiques, connues sous le nom de *casherout*, notifient les produits propres à la consommation et la façon de les préparer. Le mot *casher* (qui signifie « propre » ou « conforme ») désigne les aliments adaptés à ces normes qui, pour la plupart, sont issues de la *Torah*. D'autres, cependant, sont le résultat d'interprétations rabbiniques. Ces lois ne représentent pas seulement des commandements bibliques, ce sont aussi des règles d'hygiène ainsi qu'un puissant facteur d'identité. Tous les Juifs ne suivent pas ces lois avec la même rigueur, certains s'y soumettant strictement, d'autres n'en observant que quelques-unes.

LE MAGASIN CASHER

Les lois de la *casherout* étant complexes, il est bien plus facile et plus sûr pour les pratiquants de s'approvisionner dans des magasins *casher*. La plupart des produits emballés sont estampillés d'une étiquette indiquant qu'un rabbin a bien contrôlé l'entreprise et certifie que les aliments sont correctement préparés.

LA VIANDE ET LES PRODUITS LAITIERS

Les ruminants dont le sabot est fendu, comme l'agneau, sont *casher,* mais pas le porc. Le bétail doit être abattu par un professionnel, formé à lui épargner, autant que possible, la douleur. Il faut ensuite que la viande soit vidée de son sang, car il représente la vie de la bête. Il est interdit de consommer, en même temps, de la viande et des produits laitiers. Tout foyer juif se doit d'avoir des ustensiles séparés pour les cuisiner et les conserver.

Lentilles

Cet étal de nourriture casher *ne vend que des produits à base de viande. Il y en a beaucoup dans les quartiers juifs.*

LES ALIMENTS PARVE

Tous les aliments qui ne contiennent ni viande ni produits laitiers sont dits *parve* et peuvent se consommer, indifféremment, avec l'un ou l'autre. Ce sont, entre autres, les fruits, les légumes, le riz, les œufs et les lentilles. Mais il faut encore que les fruits et les légumes soient soigneusement contrôlés car, pour la *Torah*, les insectes ne sont pas *casher*.

LES PRODUITS DE LA MER

Seuls les poissons à nageoires et écailles, comme le saumon, la truite et le cabillaud, sont considérés comme *casher*. Tous les coquillages et autres produits de la mer sont proscrits et appelés *treifa*.

Un saumon

Un crabe

Shofar

LES OBJETS RELIGIEUX
Les lois de la *casherout*
s'appliquent aussi aux objets rituels,
au *shofar*, par exemple, qui doit être fait
avec la corne d'un animal *casher*. Le parchemin à
l'intérieur de la *mezouza* ainsi que celui des rouleaux de
la *Torah* doivent également provenir d'un animal *casher*.

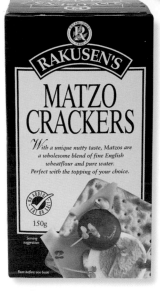

LA PÂQUE JUIVE
Certains produits sont considérés
impropres à la consommation pour
les fêtes de Pâque. Pour les
différencier, les aliments conformes
sont étiquetés « *Casher* pour
Pâque », comme ce paquet de pain
azyme (sans levain) ci-dessus.

LA PRODUCTION DE VIN
Dans l'Antiquité, les Juifs n'avaient pas le droit de consommer
du vin qui pouvait avoir servi à des rites païens et ils
produisaient le leur. Aujourd'hui, la production de vin *casher*
est soumise à une réglementation stricte. Par exemple, seuls
des Juifs pratiquants sont autorisés à superviser les
opérations. En outre, l'entreprise vinicole est
contrôlée par un rabbin qui s'assure
de l'application stricte des règles avant
de délivrer le certificat de *casherout*.

LES VIGNES
Les vignobles *casher* exigent une grande
attention. En effet, la *Torah* impose de laisser
les vignobles en jachère tous les sept ans et,
pour les nouveaux vignobles, de ne récolter les
grappes qu'au bout de quatre ans.

Vin
casher

Rouleau
de la *Torah*

LES DIFFÉRENTS VISAGES DU JUDAÏSME

Aujourd'hui, la plupart des Juifs sont les descendants des Ashkénazes d'Europe de l'Est ou des Séfarades (« Espagne » en hébreu). Ces deux principaux groupes culturels comportent de nombreuses branches religieuses qui se sont créées en réponse aux exigences de la vie moderne. La manière de vivre leurs croyances distingue les différentes tendances du judaïsme, qui vont des orthodoxes extrémistes jusqu'aux Juifs affichant une approche plus libérale de la vie et de la religion. Le judaïsme étant plus qu'une foi, des coutumes et des traditions différentes sont apparues aux quatre coins de la planète. Il y a, par exemple, de grandes différences entre les Juifs d'Éthiopie et ceux du Yémen. Essentiellement, au-delà des croyances et des coutumes distinctes, ce que tous partagent c'est l'histoire et la langue.

CONSERVATEUR
Salomon Schechter (1847-1915), ci-dessus, était l'homme fort du mouvement conservateur. Appelés *Masorti* (tradition) en Israël, les Juifs conservateurs se situent entre les orthodoxes et les libéraux.

Torah samaritaine

LES LIBÉRAUX
Le mouvement pour la réforme du judaïsme a commencé en Allemagne au cours du XIXᵉ siècle. Cette tendance soutient que la *Torah* et le *Talmud* ne contiennent pas les paroles mêmes de Dieu, mais qu'ils ont été écrits par des hommes inspirés par Dieu. Cela implique que la foi peut s'adapter au mode de vie moderne et, par exemple, améliorer le statut des femmes. Ce mouvement réformateur, également appelé judaïsme libéral ou progressiste, est très important aux Etats-Unis.

Femme rabbin

Juif ultra-orthodoxe en prière

LES ORTHODOXES
Les Juifs orthodoxes suivent à la lettre les pratiques et la foi traditionnelles. En Europe, la majorité des fidèles sont orthodoxes, mais les ultra-orthodoxes gagnent rapidement du terrain. Ces derniers, sans compromis en ce qui concerne leurs pratiques religieuses, vivent souvent en communautés séparées avec leurs propres écoles et tribunaux. En général, ils jugent qu'il est néfaste de se mêler au monde extérieur, y compris aux Juifs moins pratiquants. Le mouvement ultra-orthodoxe comprend plusieurs sectes, chacune ayant son dirigeant, comme la secte Loubavitch aux Etats-Unis.

LES SAMARITAINS

En Israël, la communauté samaritaine remonte au VIIe siècle av. J.-C. Bien qu'ils ne se disent pas juifs, les Samaritains pratiquent une forme de judaïsme. Ils se soumettent à l'autorité des Cinq Livres de Moïse, observent le sabbat et circoncisent leurs garçons. De nos jours, cette communauté compte 500 personnes.

Enfants dans l'école d'un *kibboutz,* en Israël

LES JUIFS EN ISRAËL

Avec 4 millions d'habitants israélites, Israël est la seconde communauté juive après celle des Etats-Unis. La loi du retour, promulguée par le gouvernement israélien en 1950, accorda la citoyenneté à des milliers de Juifs. Quelle que soit leur provenance, tous étaient les bienvenus. Ces nouveaux venus ont conservé les traditions apportées de leur pays d'origine. Aujourd'hui, une majorité d'Israéliens se considèrent comme des Juifs laïques, c'est-à-dire non religieux.

LES JUIFS D'ÉTHIOPIE

L'origine des Falashas, Juifs d'Ethiopie, qui se désignent eux-mêmes *Beta Israël* (la Maison d'Israël), provoque de nombreux débats. Certains d'entre eux pensent être les descendants du fils du roi Salomon et de la reine de Saba. D'autres sont convaincus d'appartenir à une tribu perdue d'Israël. Quelle que soit leur origine, le monde n'a découvert leur existence que dans les années 1850. Afin de les sauver de la famine sévissant dans leur pays déchiré par la guerre, la quasi-totalité de leur communauté fut transportée en Israël, par avion, dans les années 1980 et 1990.

Ces Juifs éthiopiens participent à une bénédiction pendant la Pâque.

LES JUIFS D'INDE

En Inde, la communauté juive daterait de plus de 2 000 ans. Trois groupes distincts coexistaient : les *Bene Israël* (« Juifs d'Israël »), les Juifs de Cochin et ceux ayant fui les pays européens, comme l'Espagne. Tous observaient les pratiques séfarades et possédaient leurs propres synagogues. Aujourd'hui, leurs descendants ne sont plus que quelques milliers.

Plaque de cuivre du XIe siècle, provenant de Cochin en Inde, accordant des privilèges à un Juif, Joseph Rabban

Juifs yéménites étudiant la *Torah*

LES JUIFS YÉMÉNITES

Des indices tendent à prouver qu'il existe une communauté juive au Yémen depuis le Ier siècle. Cette société perpétue une puissante tradition intellectuelle et possède son propre livre de prière, le *tiklal*. La plupart de ses membres sont aujourd'hui en Israël ou aux Etats-Unis, bien que quelques-uns soient restés au Yémen.

LES SYMBOLES ET LA LANGUE

Il existe aujourd'hui des communautés juives dans tous les coins du monde. Tout en vivant au milieu de non-Juifs, elles ont perpétué leur mode de vie et leur foi. Bien qu'ils aient leur propre langue, les Juifs ont adopté celle du pays où ils vivaient. Au fil des siècles, l'hébreu, leur langue, finit par ne plus être parlé, ne survivant que dans l'exercice de la religion. En revanche, deux symboles du judaïsme continuent à représenter la foi et l'identité des Juifs de la Diaspora : la *menora* et l'étoile de David *(Magen David)*.

MENORA DE HANOUKKA
Pour célébrer la fête de *Hanoukka*, il faut se servir exclusivement d'une *menora* à huit branches, avec un petit support supplémentaire pour la bougie qui allume toutes les autres. Cette fête, qui dure huit jours, commémore la victoire de Juda Maccabée sur les Séleucides.

MENORA À SEPT BRANCHES
La *menora* (« candélabre » en hébreu) à sept branches est le plus ancien des symboles du judaïsme et le plus utilisé. Avant leur destruction, le premier et le second Temple de Jérusalem abritaient, dans le tabernacle, une *menora* en or. Depuis, cet objet est resté un puissant symbole de la foi.

Le drapeau israélien

Les six pointes de l'étoile évoquent les six jours de la création.

Le bleu symbolise le ciel et rappelle la voie du Seigneur.

Le blanc évoque la pureté et la paix.

L'ÉTOILE DE DAVID
En hébreu, l'étoile de David s'appelle *Magen David*. A l'origine, durant la période romaine, l'étoile à six branches servait d'élément décoratif. Puis, au XVIIe siècle, à Prague, dans l'actuelle République tchèque, ce symbole représentait la communauté juive. L'étoile prit une signification nationale lorsqu'elle fut utilisée en 1897 par le premier congrès sioniste. Depuis la création de l'Etat d'Israël, en 1948, elle orne le drapeau national.

Sculpture sur pierre du Ier siècle, représentant l'étoile de David

Eliezer
Ben-Yehuda

LA LANGUE HÉBRAÏQUE

A la fin du XIXᵉ siècle, l'hébreu parlé connut un renouveau. Eliezer Ben-Yehuda (1858-1922), émigrant juif sur la terre d'Israël, entreprit de ranimer la langue qui finit par devenir l'hébreu moderne. Reprenant tous les mots ayant existé depuis l'époque d'Abraham, Ben-Yehuda publia, en 1910, le premier des six volumes de son dictionnaire hébreu.

LES DIFFÉRENTES FORMES D'HÉBREU

Tandis que les Juifs s'établissaient dans de nouveaux pays, l'hébreu ancien se transformait. Influencé par la langue du pays hôte, leur langage parlé finit par se différencier en plusieurs dialectes. Les Juifs qui s'installèrent en Espagne et au Portugal, au Moyen Age, pratiquaient une forme d'hébreu très hispanisé appelé le *ladino*. En Europe de l'Est, le *yiddish* était la langue couramment parlée et ce jusqu'au XXᵉ siècle.

Manuscrit en hébreu ancien

Les sept branches symbolisent les jours de la semaine.

Les dix premières lettres de l'alphabet hébreu

L'ALPHABET

A l'époque où les Hébreux s'installèrent à Canaan, ils utilisaient déjà un alphabet de 22 lettres. Ce système permettait de consigner les événements de façon simple. A l'époque de l'exil, au VIIIᵉ siècle av. J.-C., l'hébreu s'écrivait avec une écriture carrée toujours en vigueur aujourd'hui.

LA LANGUE D'ISRAËL

L'hébreu moderne est la langue officielle de l'Etat d'Israël. Près de 4 millions d'Israéliens le pratiquent comme première langue. De nombreux mots, comme *amen* et *alléluia*, se sont transmis dans d'autres langues.

Cette étiquette de Coca-Cola est écrite en hébreu moderne.

L'HÉBREU ÉCRIT

L'hébreu s'écrit de droite à gauche. Les enfants apprennent à lire et à écrire avec les voyelles, représentées par de petits signes entourant le texte principal. Mais avec les lettres d'imprimerie, les voyelles sont souvent omises. Bien que la plupart des Juifs parlent la langue du pays où ils habitent, il est cependant important pour eux de pouvoir lire les prières en hébreu lors des services religieux à la synagogue.

La une des *Nouvelles juives*

LES LETTRES D'IMPRIMERIE

Au XIXᵉ siècle, de nombreux journaux, publicités et étiquettes pour divers produits furent édités en hébreu. La forme écrite de la langue ne servait plus seulement pour les livres religieux.

LES ÉTAPES D'UNE VIE

Diverses cérémonies ponctuent les événements fondamentaux de la vie juive. Coutume juive universelle, la circoncision du garçon, âgé de quelques jours, date des temps bibliques. Depuis plus récemment, la naissance des filles est célébrée par une cérémonie de nomination. La *bar* et la *bat-mitsva* marquent le passage de l'enfant dans la communauté des adultes. Certaines communautés réformées célèbrent l'arrivée à l'âge adulte des deux sexes, à 15 ou 16 ans, lors d'une cérémonie de confirmation. Des célébrations spécifiques sont consacrées au mariage, à la mort et au deuil. Toutes ces cérémonies se déroulent publiquement, ce qui souligne la nature communautaire du judaïsme.

LA BAR ET LA BAT-MITSVA
Ce *siddur* a été confectionné pour être offert à l'occasion de la *bat-mitsva* d'une jeune fille. Mais les cadeaux ne sont pas ce qu'il y a de plus important. Avec la *bar-mitsva* (ou la *bat-mitsva*), les jeunes acceptent les responsabilités d'un adulte juif.

LA NAISSANCE

A la naissance, un bébé juif reçoit, en plus de son prénom, un nom hébreu, souvent celui d'un parent récemment mort, qui servira lors des cérémonies religieuses. Si l'enfant est un garçon, son nom hébreu est annoncé lors de sa cérémonie de *Brit-mila* (circoncision), si c'est une fille, il est annoncé à la synagogue, le premier sabbat après sa naissance ou à la cérémonie de nomination.

CÉRÉMONIE DE CIRCONCISION
La *brit-mila* se fait le huitième jour après la naissance du bébé. Chaque enfant mâle est circoncis en signe de l'alliance entre Dieu et son peuple, une obligation dictée par Dieu à Abraham. L'intervention est pratiquée par un *mohel* (circonciseur) qualifié, souvent un rabbin ou un médecin.

Amulette en papier, XXᵉ siècle, Maroc

AMULETTES DE CIRCONCISION
Dans les temps anciens, certaines communautés utilisaient des amulettes pour protéger le nouveau-né contre le mal. Ces petits bouts de parchemin, de papier ou de métal étaient couverts d'inscriptions magiques, faites d'une combinaison de lettres, de noms d'anges ou de celui de Dieu. Elles étaient portées par l'enfant ou suspendues sur le mur près du berceau. De nombreux rabbins, dont Maïmonide, combattirent ces pratiques superstitieuses qui survivent cependant.

Amulette provenant d'Allemagne, XIXᵉ siècle

LE PASSAGE À L'ÂGE ADULTE

A l'âge de 13 ans, un garçon est considéré comme *bar-mitsva* (« fils du commandement ») et devient responsable de ses actes religieux. Il doit, par exemple, jeûner lors de *Yom Kippour* et peut compter dans le *minyan* à la synagogue. Une fille devient *bat-mitsva* (« fille du commandement ») à 12 ans. Selon la communauté à laquelle elle appartient, elle participera ou pas au *minyan* et lira ou pas la *Torah*.

Cette jeune-fille porte un tallith et une kippa durant sa cérémonie.

LA BAT-MITSVA

Les cérémonies de *bat-mitsva* pour les filles ne datent que du début du XXᵉ siècle. Aujourd'hui, ce rite de passage est célébré de différentes façons, qui varient de la lecture de la *Torah*, exactement comme pour les garçons, à la *bat-hayil* des orthodoxes où la fille fait un sermon à la synagogue. Chez certains orthodoxes la *bat-mitsva* n'est pas publique.

Tefillin

LES TEFILLIN

Dans les communautés orthodoxes, le garçon reçoit un jeu de *tefillin* pour sa *bar-mitsva*. A partir de ce moment-là, il se doit de prier tous les matins de la semaine en portant les *tefillin*. Lorsqu'ils ne servent pas, les petits boîtiers sont rangés dans un sac, parfois décoré du nom hébreu de son propriétaire.

Sac de tefillin avec le nom hébreu du garçon

Ce garçon lit la Torah lors d'une cérémonie de semaine.

LA BAR-MITSVA

Lors de la cérémonie de *bar-mitsva*, le garçon est appelé à lire une section de la *Torah*, préparée à l'avance. Cet acte symbolise son acceptation des commandements. Dans les communautés très pratiquantes, on demande parfois à l'enfant de lire la *sidra* (portion) entière de la semaine, ce qui représente entre quatre et six chapitres. La *bar-mitsva* se déroule à la suite du service de la synagogue, durant lequel, généralement, le garçon fait un discours appelé le *dvar Torah* (« parole de la *Torah* »).

Une houppa figure sur cette ancienne attache d'un rouleau de la Torah.

LA HOUPPA
Le rabbin conduit l'office principal sous la *houppa*, dais en tissu soutenu par quatre colonnes. Dans certaines communautés, on tient un châle de prière au-dessus des mariés. La *houppa* symbolise le nouveau foyer du couple.

La ketouba est richement décorée de motifs abstraits ou de scènes bibliques.

LA KETOUBA
La *ketouba*, le contrat de mariage juif, détaille les obligations du jeune homme envers son épouse. Il est signé au début de la cérémonie par le marié et, dans les mariages modernes, par la femme également. Une lecture de ce document est faite au cours de la cérémonie et, s'il est bien décoré, on l'expose à la maison.

LE MARIAGE
Les Juifs pratiquants considèrent le mariage comme un présent de Dieu et lui accordent une grande importance religieuse. Le mariage est la création d'un nouveau foyer et, souvent, d'une nouvelle famille qui assurera la pérennité des coutumes et des traditions du judaïsme. Les cérémonies varient selon que la communauté est orthodoxe ou libérale, mais aussi selon les coutumes locales. En général, les noces juives peuvent se dérouler dans n'importe quel lieu – dans une synagogue, à la maison ou dehors, en plein air.

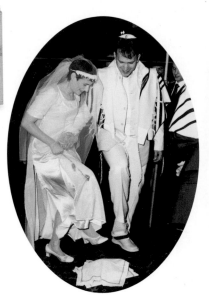

CASSER LE VERRE
Le jeune marié signale la fin de la cérémonie en brisant un verre à vin. Ce geste symbolise la destruction du Temple et la fragilité du mariage. La photo ci-dessus montre un mariage de Juifs libéraux où la mariée participe, elle aussi, à ce geste symbolique.

Coiffure ouvragée contenant de la rue, graminée destinée à éloigner le mal

COUTUMES DE MARIAGES
Dans de nombreuses familles, la coutume veut que la mariée, et parfois le marié, se vête de blanc. En revanche, les Juifs yéménites portent des parures très ouvragées, comme sur l'illustration ci-contre.

LES ALLIANCES

L'échange d'alliances entre les époux est une pratique héritée des Romains que diverses religions, dont le judaïsme, ont adoptée. Dans les mariages juifs traditionnels, le marié glisse l'anneau au doigt de son épouse, geste suivi de bénédictions. Autrefois, dans certaines communautés, on prêtait à la mariée une magnifique alliance, souvent surmontée d'une maison miniature et gravée des mots *Mazel Tov* (« bonne chance »).

Alliance italienne, très ouvragée

COUTUME ANCIENNE

Selon la tradition, pour constituer une dot à sa fille, un père commençait à économiser dès la naissance de celle-ci. Lorsque l'enfant était orpheline ou de famille très pauvre, la communauté se cotisait afin de lui fournir les éléments indispensables de la dot. Aujourd'hui, les familles modernes ne l'estiment plus indispensable.

Ce collier du XIXᵉ siècle appartenait à une mariée juive de Boukhara, en Ouzbékistan.

COFFRET DE MARIAGE

Autrefois, le marié offrait des présents à la mariée. Une clause de la *ketouba* stipulait que, si le couple divorçait, la femme pourrait revendiquer la possession de ces objets. En cela, la religion juive a fait preuve d'ouverture d'esprit, contrairement aux chrétiens et aux musulmans qui, pendant des siècles, privèrent leurs épouses de tout droit de propriété en cas de divorce. Ce coffret de mariage est le présent d'un homme riche à sa promise.

Coffret de mariage, XVᵉ siècle, Italie

COUTUMES FUNÉRAIRES

Les coutumes associées au dernier rite de passage affichent deux objectifs : exprimer son respect envers le mort et accompagner le deuil. Pour manifester leur douleur, traditionnellement, les proches du défunt déchirent leurs vêtements. La coutume veut également que le défunt soit enterré rapidement (dans les trois jours). Certains fidèles préfèrent cependant la crémation. Les cérémonies d'enterrement sont simples et, de ce fait, assez semblables qu'il s'agisse d'un pauvre ou d'un riche.

SIGNE DE RESPECT

De l'instant de la mort à l'enterrement, le corps ne reste jamais seul. Les proches du défunt allument une bougie spéciale qu'ils placent à côté du corps en signe de respect. La veille de l'anniversaire du décès, ils allument une autre bougie, la *yahrzeit* (« espace d'un an ») et la laissent brûler pendant 24 heures. La flamme symbolise l'âme du disparu.

Bougie *yahrzeit*

Cimetière juif ancien à Worms, en Allemagne

LE DEUIL

Une période de deuil de sept jours, appelée *shiva* (« sept » en hébreu), commence le jour de l'enterrement et se déroule généralement dans la maison du défunt. Tous les miroirs sont masqués, les proches s'assoient sur de petits tabourets pour réciter le *kaddish*, prière à la gloire de Dieu qui célèbre la Vie. Pour la famille du défunt, le deuil se poursuit douze mois, pendant lesquels ses membres ne doivent célébrer aucun événement ou fête.

Shofar

LES JOURS TRÈS SAINTS

Les thèmes du pardon et du repentir sont très présents dans les principales fêtes du judaïsme : *Rosh ha-Shana* (la nouvelle année juive) et *Yom Kippour* (le Grand Pardon). Ces fêtes sont célébrées en septembre ou en octobre, en fonction du calendrier hébreu. Les synagogues sont totalement envahies et des services supplémentaires se tiennent partout pour ceux qui n'y assistent pas en temps normal. *Rosh ha-Shana* est suivie, dix jours plus tard, de *Yom Kippour*, jour de prière et de jeûne. Pour les Juifs, cette période est un moment de réflexion critique durant lequel Dieu décide de leur avenir tout en se montrant miséricordieux envers ceux qui comptent modifier leur comportement.

ROSH HA-SHANA

Fête honorant la création du monde, *Rosh ha-Shana* est également le moment où Dieu pèse les bonnes et les mauvaises actions de chacun et décide de son sort pour l'année à venir. Son jugement est consigné dans trois livres : un pour le bien, un pour le mal et un pour la moyenne. Le jugement final de Dieu n'intervient qu'à *Yom Kippour*, aussi chacun dispose de dix jours pour se repentir : les jours de pénitence.

LE SHOFAR
A la synagogue, durant *Rosh ha-Shana*, les services sont plus longs et plus solennels que d'habitude. Ils comportent une confession et des prières de repentir. Partie intégrante de cette cérémonie, le son du *shofar* représente un appel au renouveau, à méditer sur l'année écoulée et à prendre de bonnes résolutions pour celle qui s'annonce. Cet instrument est généralement fabriqué avec la corne d'un bélier en mémoire du sacrifice d'Abraham.

TASHLIKH
Le jour de *Rosh ha-Shana*, il est de coutume de se rendre, dans l'après-midi, au bord de la mer ou de la rivière pour réciter des prières. Les fidèles vident leurs poches et, geste symbolique, ils jettent dans l'eau des miettes de pain symbolisant leurs péchés. Cette tradition s'appelle *tashlikh* (« rejeter » en hébreu).

Carte de vœux de *Rosh ha-Shana*

VŒUX DE NOUVELLE ANNÉE
Certaines communautés ont l'habitude d'envoyer des cartes de vœux pour la nouvelle année. A la différence des célébrations laïques de nouvel an, cette période de fêtes sert à demander pardon à Dieu et à ceux envers qui on a des torts.

Kiwi

Papaye

Miel

Pomme

QUE LA NOUVELLE ANNÉE SOIT DOUCE !
La veille du nouvel an, la coutume veut que les fidèles mangent un morceau de pomme trempé dans du miel, dans l'espoir que l'année sera douce. Les fidèles profitent également de l'époque pour manger des fruits exotiques qu'ils ne consomment pas souvent et pour s'acheter des vêtements neufs.

Tzedaka, boîte de charité

YOM KIPPOUR

Yom Kippour est le jour le plus saint du calendrier juif. Malades et personnes sous traitement mis à part, tous ceux qui ont dépassé l'âge de la *bar-mitsva* jeûnent pendant 25 heures. La plupart des fidèles passent la journée à prier à la synagogue pour expier leurs péchés auprès du Créateur. Le service de *Yom Kippour* se termine sur le son d'un unique coup de *shofar*, puis chacun s'en retourne chez soi, purifié et empli de bonnes résolutions.

Jonas est jeté à la mer pour avoir désobéi à Dieu.

FAIRE LA CHARITÉ
Les prières consacrées pour ces fêtes religieuses laissent entendre que celui qui se repent sincèrement, prie avec ferveur et fait la charité, se verra accorder une année florissante. Bien qu'il soit interdit de manipuler de l'argent pendant *Yom Kippour*, beaucoup de rabbins encouragent les fidèles à faire des dons à des œuvres de charité.

LE LIVRE DE JONAS
Lors de *Yom Kippour*, les fidèles lisent le livre de Jonas à la synagogue : Dieu demande à Jonas de prêcher le repentir aux hommes de Ninive. Jonas commence par refuser, mais Dieu le force à délivrer son message. Les Ninivites font repentance et sont sauvés. Cette histoire est destinée à illustrer la compassion de Dieu.

LES FÊTES

Rythmée par de nombreuses fêtes religieuses, pour la plupart avec des références historiques ou agricoles, l'année juive est organisée autour du sabbat (*shabbat* en hébreu). Toutes ces célébrations se déroulent à la synagogue, mais également chez soi en observant divers rituels marqués par des coutumes alimentaires. Les fêtes commencent la veille de l'événement commémoré et se poursuivent le jour-même, car aux temps bibliques le jour était compté à partir du crépuscule. C'est ainsi qu'on marquait le temps.

LA SOUKKA
La *soukka* est un abri temporaire. Il se compose de trois parois avec une ouverture dans le toit pour voir les étoiles, rappel de la présence de Dieu. Certaines familles construisent une cabane dans le jardin, mais plusieurs synagogues mettent une *soukka* communautaire à disposition des fidèles après le service.

SOUKKOT

Célébrée cinq jours après les jours très saints, la fête de *Soukkot* ou fête des Tabernacles, qui dure une semaine, commémore l'époque où les Israélites vivaient dans des cabanes, lors de la Sortie d'Egypte. C'est aussi une célébration de la fin des récoltes. Dans un rituel associé à *Soukkot*, on pratique la bénédiction des quatre plantes – palme, cédrat (sorte de citron), myrte et saule. Ces plantes, appelées *Lulav*, symbolisent l'agriculture dont nous dépendons tous.

Cédrat

Saule

Myrte

LE LULAV
Pour rappeler l'omniprésence de Dieu, les quatre plantes sont brandies dans toutes les directions pendant le service à la synagogue.

Palme

Ces religieux récitent les bénédictions des Quatre Plantes.

LA DÉCORATION DE SOUKKA
Traditionnellement, les enfants participent à la décoration de *soukka*. Ils l'ornent avec des dessins, des guirlandes en papier et des fruits de saison, symbolisant la récolte d'automne. Les fidèles prennent leurs repas dans cette cabane et parfois même y dorment.

LA PROCESSION
Chaque jour de *Soukkot*, un fidèle, le *lulav* à la main, prononce une bénédiction. Au septième jour, les fidèles terminent le service du matin en faisant, à pied, sept fois le tour de la synagogue. Le chiffre 7 correspond au nombre de processions accomplies par les prêtres des temps bibliques autour du Temple.

SIMHAT TORAH

Simhat Torah (réjouissance de la *Torah*) succède à la fête de *Soukkot*. Célébrant la fin d'un cycle de lecture de la *Torah* et le début d'un autre, elle affirme la continuité de la parole de Dieu. A cette occasion, les rouleaux de la *Torah* sont sortis de l'Arche et exposés au cours d'une procession qui se déroule dans les rues ou autour de la synagogue, au milieu de danses et d'applaudissements.

Procession de la *Torah* au Mur occidental, en Israël

Pour la fête de Simhat Torah les enfants reçoivent des sucreries à la synagogue.

ALLUMER LA MENORA

Chaque soir de *Hanoukka*, la famille se regroupe pour réciter les bénédictions, allumer les bougies et chanter des chants pour l'occasion. La *hanoukkia* ou *menora* peut recevoir huit bougies, plus celle pour allumer les autres. On allume chaque jour une nouvelle bougie, avant d'allumer les anciennes. A la fin de la semaine, toutes sont allumées, symbolisant le miracle de l'huile dans le Temple.

Pièces en chocolat

COUTUMES DE HANOUKKA

Pendant *Hanoukka*, les gens consomment généralement des aliments cuits à l'huile, comme des *latkes* (crêpes de pomme de terre) et des beignets. C'est un rappel du miracle de l'huile. Dans certaines communautés, on offre de l'argent ou bien des pièces en chocolat.

Latkes

HANOUKKA

La fête de *Hanoukka* commémore un important événement historique. A l'époque séleucide (au IIe siècle avant notre ère), les Juifs n'étaient pas autorisés à pratiquer leur religion. Ils se révoltèrent contre leurs oppresseurs étrangers et remportèrent une très grande bataille. Judas Maccabée, chef de la révolte, sanctifia à nouveau le Temple, qui avait servi aux pratiques païennes. La lampe éternelle fut rallumée et bien qu'il n'y ait de l'huile que pour une journée, la flamme dura huit jours.

Chaque soir une nouvelle bougie est allumée.

LE DREIDEL

Pendant que les bougies se consument, les enfants jouent avec une toupie spéciale appelée *dreidel*. Une lettre hébraïque est inscrite sur chaque côté. Ce sont les initiales de « un grand miracle s'est produit ici ».

TOU BISHEVAT

Branche d'olivier

La fête mineure de *Tou Bishevat* s'appelle aussi le nouvel an des arbres. A l'origine, lors de *Tou Bishevat,* un dixième de la production agricole devait être cédé aux prêtres et aux pauvres. Aujourd'hui, en Israël, on célèbre, à cette occasion, l'époque où on plante de nouveaux arbres et où l'on consomme les produits de la terre.

LA PLANTATION DES ARBRES

En Israël, à l'occasion de *Tou Bishevat,* qui a lieu en janvier, début du printemps dans ce pays, certains enfants plantent de jeunes arbres. Dans d'autres pays, les Juifs sont encouragés à financer la plantation d'un arbre en Israël par le biais du Fonds national juif.

LE ROULEAU

La veille et le jour de *Pourim,* les Juifs se rassemblent à la synagogue pour lire le livre d'Esther. A la différence des autres livres bibliques, celui-ci ne contient aucune référence à Dieu. Selon certains, cela signifie que Dieu travaille sans cesse, même si on ne le voit pas.

POURIM

Pourim est une fête joyeuse et amusante qui est généralement célébrée en mars. Le rituel principal est la lecture du *Megillah* ou *Meguila* (le livre d'Esther) qui relate l'histoire d'Esther, une femme juive, et de son cousin Mardochée, qui vivaient en Perse (Iran actuel) au ve siècle av. J.-C. Tous deux échafaudèrent un plan pour sauver les Juifs de Perse, qu'un infâme ministre de la cour, Aman, projetait de massacrer.

Crécelle

LE SERVICE

A la synagogue, le service reflète l'esprit joyeux de *Pourim.* Chaque fois que le nom d'Aman est prononcé, les fidèles sifflent, tapent des pieds ou agitent des crécelles appelées *gregger.*

L'histoire d'Esther est écrite à la main, sur du parchemin.

Esther Mardochée

Megillah perse du XVIIIe siècle

LA PROCESSION

A *Pourim,* outre la lecture du *megillah,* les fidèles font un repas de fête, échangent des présents et font la charité. Certaines communautés organisent des fêtes et des processions. Les enfants et les adultes se parent souvent de costumes colorés afin d'ajouter à l'atmosphère festive.

La procession annuelle de *Pourim,* à Tel-Aviv, en Israël

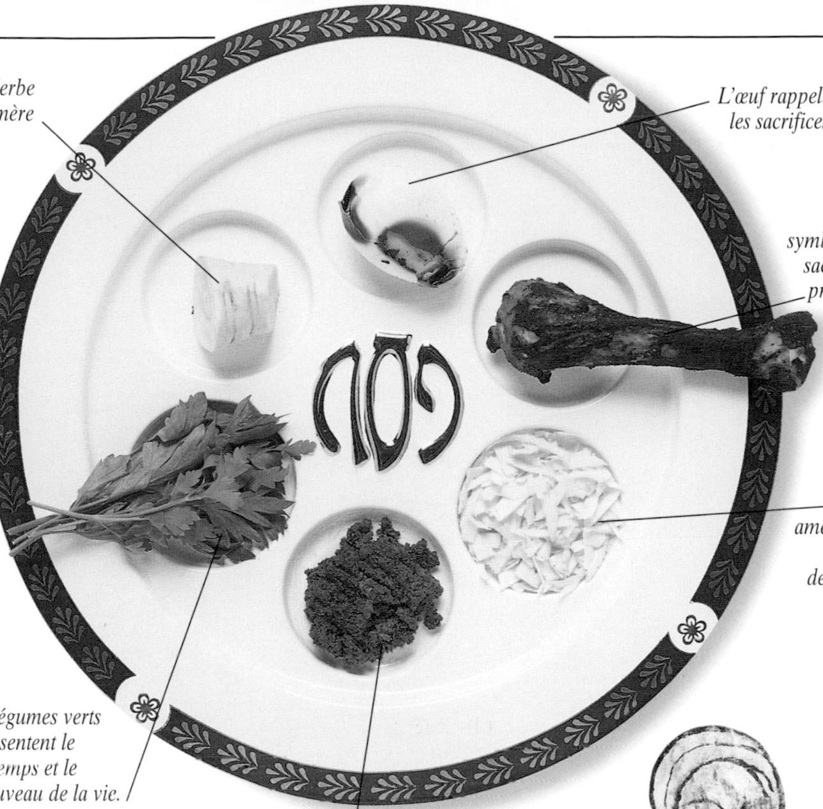

Herbe amère

L'œuf rappelle aux Juifs les sacrifices des temps bibliques.

La viande symbolise l'agneau sacrifié lors de la première Pâque.

Les herbes amères reflètent l'amertume de l'esclavage.

Les légumes verts représentent le printemps et le renouveau de la vie.

Le haroset (pâte à base de noix et de fruits écrasés) symbolise le mortier qu'utilisaient les esclaves juifs pour bâtir les cités.

LA TABLE DE PÂQUE
La nourriture disposée sur l'assiette de *séder*, qui ne sert qu'à l'occasion du repas de Pâque, évoque l'histoire des Hébreux en Egypte ancienne (1290-1224 av. J.-C.). Un verre d'eau salée symbolise les larmes amères des Hébreux réduits à l'esclavage.

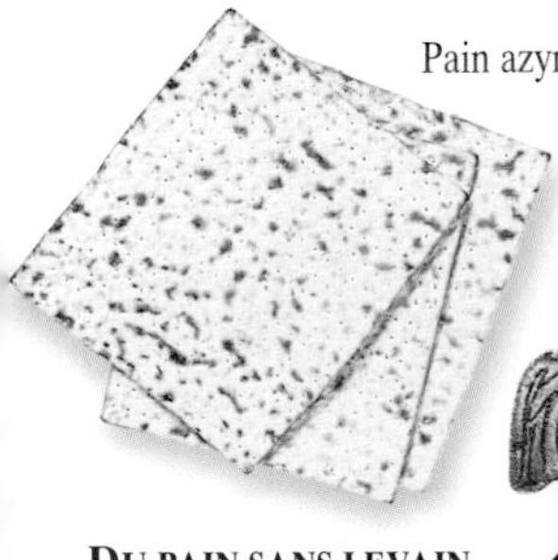

Pain azyme

DU PAIN SANS LEVAIN
Lorsque les Hébreux fuirent l'Egypte en toute hâte, la seule nourriture qu'ils purent emporter était du pain sans levain. A Pâque, les Juifs s'abstiennent de consommer de la nourriture contenant du levain (*chametz* en hébreu), dont le pain. A la place, les fidèles mangent du pain azyme. Ils se gardent même d'avoir de tels aliments chez eux à cette époque.

LA PÂQUE
En mars ou en avril, les Juifs célèbrent l'importante fête de Pâque, *Pessah* en hébreu. Ils commémorent le temps où Moïse conduisit son peuple hors d'Egypte, lors des débuts de la nation juive. La famille se regroupe autour d'un repas de cérémonie, le *séder* (« ordre » en hébreu) ; elle se raconte la fuite d'Egypte et chante des chants de louange à Dieu.

HAGGADA
La Pâque dure huit jours et, au cours des deux premières soirées, les fidèles lisent l'histoire de l'exode d'Egypte dans la *Haggada*. Au repas, un enfant pose quatre questions tirées du texte, auxquelles on répond en racontant l'histoire depuis le début. Les *Haggada* anciennes, dont quelques exemplaires subsistent encore aujourd'hui, étaient écrites et illustrées à la main. Ce détail d'un repas de Pâque, ci-dessous, est extrait d'un exemplaire allemand du Moyen Age.

OMER

En Israël, dans les temps anciens, on comptait les 49 jours qui séparent Pâque de *Shavouot*. Cette période, connue sous le nom d'*Omer*, marquait la fin de la récolte de l'orge et le début de celle du blé. Une gerbe (*omer* en hébreu) d'orge nouveau était offerte au Temple à Jérusalem.

LAG BA-OMER

Le 33e jour du calendrier *Omer* s'appelle *Lag ba-Omer*. Ce jour-là, le rabbin Siméon bar Yohai aurait révélé des secrets mystiques contenus dans la *Kabbalah*. Selon une autre tradition, le rabbin Akiva, éminent spécialiste de la *Torah*, perdit 24 000 de ses disciples dans une épidémie survenue pendant *Omer*. *Lag ba-Omer* fut le seul jour sans décès. Depuis, on allume parfois des feux de joie pour fêter l'occasion.

LE CALENDRIER OMER

Bien que le Temple n'existe plus et qu'on ne fasse plus d'offrande *omer* aujourd'hui, certains Juifs pratiquants comptent tout de même les jours entre Pâque et *Shavouot*. Ils se servent pour cela d'un calendrier spécial.

Calendrier *omer* pour enfants

LES SEPT ESPÈCES

Shavouot commémore les commandements mais également les premiers fruits (ci-dessous) apportés en offrande au Temple de Jérusalem. Ces fruits ont toujours été associés à la terre d'Israël.

Orge

Dattes

Raisins

Blé

Figues

Olives

Grenades

SHAVOUOT

Le nom grec de la fête de *Shavouot*, Pentecôte, vient du mot cinquante, car elle débute après les 49 jours d'*Omer*. *Shavouot* célèbre la révélation de la *Torah*, faite par Dieu à Moïse, sur le mont Sinaï, ainsi que le commencement de la nouvelle récolte de blé. La fête dure deux jours et, à la synagogue, les fidèles lisent les Dix Commandements et le livre de Ruth.

Des enfants fêtent Shavouot, célébration de la récolte, dans l'école d'un kibboutz.

LES TRADITIONS

Lors de *Shavouot*, certains fidèles consomment des produits laitiers. Ils commémorent ainsi un temps où les Hébreux, alors qu'ils attendaient la proclamation des Dix Commandements en évitant de consommer de la viande interdite par les lois de la *casherout*, ne mangeaient que ces produits. Pour célébrer la révélation des Commandements, les synagogues sont parfois ornées de fleurs et certains Juifs très pratiquants veillent toute la nuit pour étudier la *Torah*.

LE SABBAT

Le jour de repos des Juifs, le sabbat, se dit *shabbat* en hébreu. Il débute le vendredi au crépuscule, lorsqu'on allume les bougies, et prend fin le samedi soir. Selon les communautés, le sabbat est suivi de diverses façons.

« Souviens-toi du sabbat pour le sanctifier. Au septième jour tu ne travailleras point. »

UN DES DIX
COMMANDEMENTS

Coupelle
pour se laver
les mains

SE LAVER LES MAINS
Avant le début du sabbat, certains Juifs se lavent trois fois les mains dans une coupelle spéciale à deux anses. Le repas de sabbat ne peut commencer sans ce rituel.

HALLAH
Les deux miches de *hallah* sur la table du sabbat rappellent l'errance des Juifs dans le désert. Dieu leur donnait tous les jours une manne (nourriture miraculeuse) à manger, mais, le vendredi, ils recevaient une double ration.

La table
du sabbat

HAVDALA
La cérémonie qui marque la fin du sabbat s'appelle *havdala*, qui signifie « séparation ». Une bougie tressée, du vin et des épices agréablement parfumées symbolisent ce moment. La *havdala* souligne la séparation entre le sabbat, jour saint, et les autres jours de la semaine.

Bougie
de *havdala*

Boîte à épices
utilisée durant
le sabbat

BOUGIE TRESSÉE
La bougie de *havdala* évoque la lumière créée par Dieu lorsqu'il créa l'ordre sur la Terre. Ses multiples mèches symbolisent l'unité du peuple juif.

LE SENS DU SABBAT
Tout comme Dieu, qui se reposa le septième jour de la création du monde, les Juifs pratiquants ne travaillent pas pendant le sabbat. Traditionnellement, on reçoit des invités pour le repas du soir, particulièrement ceux qui n'ont pas de famille. Ce jour est considéré, avant tout, comme un moment dédié à l'adoration, au repos et à la communauté.

Les jeans Levi's

LES PIONNIERS

Tout, des vêtements que nous portons à la façon dont nous voyageons, a subi l'influence des Juifs. Souvent confrontés aux préjugés dans les industries existantes, les Juifs préféraient travailler dans des domaines nouveaux où ils pouvaient laisser libre cours à leur talent. Ils ont ainsi été à l'avant-garde du développement technologique qui a amélioré la vie de millions de gens.

L'AÉRONAUTIQUE

Emile Berliner (1885-1929) était le petit-fils d'un rabbin allemand qui immigra aux Etats-Unis. Inventeur et expérimentateur prolifique, il mit au point, en 1919, un prototype d'hélicoptère.

LA CONFECTION

Les blue-jeans, portés partout aujourd'hui, ont été inventés par Oscar Levi-Strauss (1829-1902). Né en Allemagne, Levi-Strauss s'installa en Californie, aux Etats-Unis, où l'on venait de découvrir de l'or. Alors qu'il vendait des toiles de tente aux mineurs, il les entendit se plaindre de l'usure trop rapide de leurs pantalons. Il confectionna pour eux des « blue jeans » avec des rivets aux poches : cet article robuste rencontra très vite un grand succès.

LA BEAUTÉ

Helena Rubinstein (1870-1965) révolutionna l'industrie des cosmétiques avec son mascara résistant à l'eau et ses crèmes de soin pour la peau. Née en Pologne en 1870, elle bâtit un empire de la beauté en Australie, en Europe et aux Etats-Unis. Elle créa, en 1953, la Fondation Helena Rubinstein qui prenait en charge des enfants et des femmes dans le besoin.

Helena Rubinstein souligne les contours du visage.

La machine à écrire classique M-40 d'Olivetti

LE MATÉRIEL DE BUREAU

Le militant italien Adriano Olivetti (1901-1960) transforma la fabrique familiale de machines à écrire en un empire le plus grand d'Europe de matériel de bureau professionnel. Recherché par la Gestapo pendant la Seconde Guerre mondiale, Adriano et son père se cachèrent pendant que leur entreprise devenait le quartier général de la résistance.

LA MÉCANIQUE INDUSTRIELLE

Fils d'un négociant polonais en pierres précieuses, l'industriel français André Citroën (1878-1935) était un homme de marketing connaissant bien son public. Il élabora une gamme de voitures abordables pour les ouvriers français. Pour promouvoir ses voitures, Citroën fit même afficher son nom, en lettres lumineuses, sur la tour Eiffel.

Traction avant Citroën

Henry Berliner, le fils d'Emile, réalisant un vol d'essai dans le nouveau « chopper » américain

La machine volante de Berliner possédait une pale tournante qui soulevait l'engin verticalement.

LA SCIENCE ET LA MÉDECINE

La contribution des Juifs à la connaissance scientifique et aux découvertes médicales est immense. Sans le dévouement de physiciens et de chimistes, beaucoup de nos connaissances seraient encore à découvrir. Dans le domaine de la médecine, on doit à des Juifs la découverte de vaccins qui combattent des maladies mortelles telles que le choléra, la peste bubonique, la fièvre typhoïde et la poliomyélite.

LA PHYSIQUE
Un des plus grands scientifiques au monde, Albert Einstein (1879-1955), a élaboré la théorie de la relativité et ainsi modifié notre conception du monde. En 1921, il reçut le prix Nobel de physique. Né en Allemagne, Einstein s'installa en Suisse lorsqu'il était jeune. Il enseigna en Europe mais, lorsque les nazis prirent le pouvoir, il émigra aux Etats-Unis.
Sa compréhension de la nature de la matière lui permit de réaliser la bombe atomique, invention qu'il regretta jusqu'à la fin de sa vie.

Paul Ehrlich, bactériologiste, au travail dans son laboratoire

LA MÉDECINE
Paul Ehrlich (1854-1915) est né en Allemagne. Précurseur des traitements du cancer, il est l'inventeur d'une thérapie qui n'attaque que la partie malade du corps sans endommager les cellules et les tissus sains. Ce travail lui valut le prix Nobel de médecine en 1908.

Amas de virus de la polio

LE COMBAT POUR VAINCRE LA POLIOMYÉLITE
Le premier vaccin contre la polio, conçu pour lutter contre cette maladie responsable de milliers de victimes, fut découvert par le virologue Jonas Salk (1914-1945). Son vaccin était administré par injection. Ce fut un Américain originaire de Pologne, Albert Sabin (1906-1993), qui mit au point le vaccin oral utilisé dans le monde entier. L'objectif de Sabin d'éradiquer la maladie n'a malheureusement pas encore été atteint.

INDEX

A

Abraham 6, 8, 9, 36, 40, 48, 52
Adam 36
Aelia Capitolina 17
Aggée (prophète) 14
Akeda 9
Akiva (rabbin) 58
Alexandre II (tsar) 22
Alexandre III (tsar) 22
Alexandre le Grand (roi) 15
Aliya 23, 25
Allemagne 26, 29
Alliance 8, 11
Aman 56
Amos (prophète) 14
Amsterdam 6, 20, 21
Ancien Testament 8
Angleterre 18, 20, 21, 24, 25
Antipater 16
Antisémitisme 24, 25, 27, 60
Arabes 18, 19, 25
Arafat, Yasser 61
Arche d'alliance 11, 12, 20, 33, 37, 55
Aristote 38
Arts 60-61
Ashkénase 20, 44
Assyriens 14
Auschwitz 28, 29
Autodafé 26

B

Baal (dieu) 11
Babylone 4, 14, 24
Balfour, Arthur 25
Bar Kokhba (révolte de) 17
Bar Kokhba, Simon 17
Bar-mitsva 48, 49, 52
Bat-mitsva 48, 49
Bélier 9, 52
Benoît, Pierre-Marie 29
Ben-Yehuda, Eliezer 47
Berliner, Emile 62, 63
Bethsabée 13
Bible hébraïque 7, 8, 10, 37

C

Camp
    de personnes déplacées 30
    de concentration 28, 29
    d'extermination 28, 29
Canaan 8, 10, 11, 12, 47
Casher 35, 36, 42
Casherout 42-43
Cédrat 54
Cérémonies 48-51
César 16
Chagall, Marc 60
Châle de prière (voir *Tallith*)
Chambre à gaz 28
Chrétiens 18, 19
Christ 18
Christianisme 7, 8
Circoncision 17, 48
Citroën, André 62
Clinton, Bill 61
Commandements, dix 10, 11, 33, 58
Congrès sioniste 24, 26
Conversion 19, 21
Création 7, 59
Croisades 18
Cromwell 21
Cyrus le Grand (roi de Perse) 14

D

David (roi) 12, 13
Déportation 14, 16, 28
Désert 10, 11, 17
Deuil 51
Diaspora 16, 20-21, 32, 46
Dieu 7-11, 20, 34, 35, 40, 41, 44, 48, 53
Diffamation du sang 18
Dix plaies d'Égypte 10, 39
Dreidel 55
Dreyfus, Alfred 24

E

Égée 12
Église 18, 19
Égypte 8, 9, 10, 18, 38, 57
Ehrlich, Paul 63
Eilat 10

Einstein, Albert 63
Enfant 9, 18, 27, 29, 30, 39, 45, 57
Ésaü 9
Esclave 10, 17, 57
Esdras 14
Espagne 18, 19
Esther 56
États-Unis 23, 25, 60, 61
Étoile (Magen)
    de David 18, 28, 33, 46
    jaune 28
Europe 21, 24, 28, 47
Ève 36
Exil 6, 14
Exode 10, 11, 38

FGH

Falashas 45
Fêtes 52-60
Fleg, Edmond 6
Fonds national juif 24, 25, 26
Forces alliées 31
France 18, 20, 21
Frank, Anne 29
Freud, Sigmund 60
Gémase 38
Genèse 36
Génocide 28
Ghetto 18, 20, 28
Grande-Bretagne 30, 31
Grande Peste 18
Grèce 14, 15
Guerre
    de Kippour 31
    des Six Jours 31
    d'indépendance 31
Hadrien (empereur) 17
Haggada 38, 39, 57
Hallah 7, 59
Hanoukka 15, 55
    menora 41, 46
Harran 8
Hasmonéens 15, 16
Havdala 59
Hébreu (langue) 7, 47
Hébreux (peuple) 8, 10, 57
Hérode le Grand 16
Herzl, Theodor 24, 31
Hitler, Adolf 26, 29
Hollande 20, 21
Holocauste 7, 30
Houppa 59

IJK

Impôt 18
Inde 45
Insigne 18, 29
Isaac 8, 9, 36
Isaïe (prophète) 13
Islam 8
Israël 7, 10-14, 24, 30-31, 45
Israël, Manasseh ben 21
Israélites 8, 10-14
Jacob 8, 9, 36
Jacobsen, Anne 60
Jébuséens 12
Jéroboam 13
Jérusalem 6, 12-17, 25, 33
Job 41
Jonas 38, 53
Joseph 8, 9
Jour de Jérusalem 31
Jourdain 11
Juda 13, 14, 15
Kaddish 51
Kabbale 38, 39, 58
Ketouba 50, 51
Ketoubim 36
Kibboutz 25, 39, 45, 58
Kippa (ou Yarmulka) 34, 49
Kissinger, Henry 61
Kottel 31, 34

L

Ladino 47
Lakish 14
Libéraux 6, 44
Livres 7, 15
    cinq 15, 35, 45
    saints 36-37
Lois 10, 11, 14, 38
    alimentaires (voir *Casherout*)
    antisémites 26, 27
    de mai 22

de Nuremberg 27
Lulav 54
Luther, Martin 19

M

Maccabée, Judas 15, 46, 55
Maïmonide 38, 39, 48
Manteau 20
Mardochée 56
Marx, Karl 6
Massada, bataille de 17
Mattathias 15
Megillah (livre d'Esther) 56
Mémorial 7, 31
Menora 16, 33, 46, 55
Menuhin, Yehudi 60
Mer
    des Roseaux 10
    Morte 17, 37
    Rouge 10
Messie 20
Métiers 18, 21, 27
Mezouza 34, 43
Michée (prophète) 14
Midrash 38
Minyan 34, 49
Mishna 38
Mitsva 40
Mohel 48
Moïse 10, 11, 35, 36, 37, 57, 58
Moïse de Léon 39
Monothéisme 8
Moyen Âge 18, 28, 40, 47
Moyen-Orient 8
Mur occidental (*Kotel*), dit des
    Lamentations 6, 31, 34
Myrte 54

NOP

Nations unies 31
Nazi 7, 26-29, 31
Nebiim 36
Néhémie 15
New York 23
Ninive 53
Noé 38
Nomade 8
Nomination 48
Nourriture 42, 43
Nuit de Cristal 27
Olivetti, Adriano 62
Omer 58
Orthodoxes 6, 33-35, 37, 44, 49
Palestine 17, 18, 23-24, 30, 31
Palme 54
Pâque 16, 39, 43, 57, 58
Parchemin 36, 43
Parve 42
Patriarches 8, 9, 36
Perse 14, 32
Pessah (voir *Pâque*)
Pharaon 9, 10, 13
Pharisiens 15
Philistins 12
Pilate, Ponce 16
Pinkser, Léon 24
Pogrome 22, 23, 24
Pologne 18, 20, 21, 22, 27, 28, 30
Portugal 18, 19
Pourim 41, 56
Première Guerre mondiale 24, 25
Procès de Nuremberg 31
Propagande 26
Prophète 12, 13, 14, 40
Prusse 22

QR

Qumrân 37
Rabbin 16, 21, 32, 33, 38, 42, 50
Rabin, Yitzhak 61
Rachi 38
Ramsès II (pharaon) 10
Réforme 19
Réformés 33
Rembrandt, Van Rijn 20
Résistance 28, 29
Révolte 15, 16, 17
Révolution
    française 21
    russe 23
Roboan 13
Roi 12, 13
Rome 15, 16, 20
Rosh ha-Shana 52

Rothschild, Edmond de 23
Rouleau 36, 37
Rubinstein, Helena 62
Russie 22, 23
Ruth 58

S

Saba (reine) 45
Sabbat 7, 15, 37, 40, 41, 48, 54, 59
Sabin, Albert 63
Sacrifice 9
Sadducéens 15
Saintes Écritures 6
Salk, Jonas 63
Salomon (roi) 13, 39, 45
Samaritains 45
Samuel (prophète) 12
Sannédrin 40
Sarah 9, 40
Sargon II (roi) 14
Saül (roi) 12
Saule 54
Scheter Salomon 44
Schindler, Oscar 29
Scribe 36
Seconde Guerre mondiale 28, 30
Seder 57
Séfarade 20, 44
Sefirot 39
Séleucides 15, 46, 55
Shavouot 58
Shema 34, 35
Sheshonk (pharaon) 13
Shisme 13
Shoah 28, 29, 30
Shofar 43, 52, 53
Shtetl 21
Siddur 7, 34, 35, 48
Simhat Torah 55
Sinaï, mont 10, 11, 36, 58
Sionisme 24-25, 30
Sofer (voir *Scribe*)
Soukka 54
Soukkot 10, 54, 55
Spielberg, Steven 61
Spinoza, Baruch 6
Strauss, Levi 62
Synagogue 6, 16, 21, 22, 27, 32, 33, 36, 52, 59
    de Kaifeng 32
Dohany 32

T

Tabernacles (voir *Soukkot*)
Tallith 7, 34, 49
Talmud 38, 44
Tashlikh 52
Tefillin 34, 35, 49
Tel-Aviv 25, 32, 61
Temple 10, 13-16, 32, 50, 55, 58
    Premier 13, 46
    Second 14, 16, 32, 34, 46
Terre promise 10, 11
Terre sainte 18
Tiklal 45
Titus 16
Torah 6, 10, 11, 15, 32, 35-38, 40, 42, 49, 55
Tou Bishevat 56
Treblinka 28
Treifa 42
Tribus 8, 11
Tzedaka 41, 53

UVW

Ultra-orthodoxes 6, 44
Uzziah (roi) 13
Varsovie 28
Venise 20
Wallenberg, Raul 29

YZ

Yad 37, 41
Yéménite 45
Yeshiva 21
Yiddish 47
Yom Hashoah 31
Yom Kippour 35, 49, 52, 53
Zacharie (prophète) 14
Zélote 16, 17
Zevi, Sabbataï 20
Zohar 39
Zola, Émile 24

NOTES

Dorling Kindersley tient à remercier Steimatzky, Jerusalem the Golden, Sheila Collins, Fran Jones, Sadie Smith, Clare Lister et Zahavit Shalev.

ICONOGRAPHIE

h = haut ; b = bas ; c = centre ; g = gauche ; d = droite

AKG London : 9hg, 15c, 18c, 26b, 27hd, 29hc, 41cbd; Erich Lessing 58hd ; Stefan Diller 19l. Ancient Art & Architecture Collection : 14cd, 16b, 40bg. Arcaid : Alan Weintraub 33cg. The Art Archive : Biblioteca Nacional Lisbon/Dagli Orti 53bd; Bibliothèque des arts décoratifs Paris/Dagli Orti 9cb ; Dagli Orti 10cg ; Israel Museum Jerusalem/Dagli Orti 1c ; Museuo Capitolino Rome/Dagli Orti 17bd; Nationalmuseet Copenhagen Denmark/Dagli Orti (A) 19bd. Art Directors & TRIP : Ask Images 48hd ; H Rogers 39hc, 47bd; I. Genut 40c ; S. Shaprio 54hd. Art Resource : The Jewish Museum, New York 56c. Rabbi Eliezer Ben-Yehuda : 47hg. Werner Braun : 52bd, 55hc, 56b. Bridgeman Art Library, London/New York : Basilica di San Marco, Venice, Italy 8hd ; Bibliothèque nationale, Paris 12bg ; Bibliothèque nationale, Paris, France 18bd ; British Library, London 13c ; Giraudon 38hg ; Lauros/Giraudon 57bd ; Musée de la Révolution française, Vizille, France 21hg ; Private Collection 20cd, 39bd. British Library : 47hd. British Museum : 8cg, 8c. Camera Press : 29cb, 29bd. Citroën UK Ltd : 62b. Coca-Cola Company : 47bg. Corbis : 60bd; Araldo de Luca 62cd; Archivo Iconografico, S.A 6hg, 6cd, 15hd; Barry Lewis 32bg; Bettmann 22bg, 28c, 28bg, 31cg, 62-63hc, 63cg, 63b; Burstein Collection 60-61hc; Dean Conger 8-9b, 11hd; Gianni Dagli Orti 10b, 14hg; Hayan Isachar 54b ; Leonard de Selva 24cg; Moshe Shai 58hg; Nathan Benn 17hg; Paul A. Souders 34bd; Peter M. Wilson 38bg; Peter Turnley 46bg; Rabbi Naamah Kelman 44c; Richard T. Nowitz 6b, 14b, 32hd, 58bd; Shai Ginott 46bd; Stapleton Collection 36hd; Ted Spiegel 31bc; Unger Kevin/Sygma 45cdh; West Semitic Research/Dead Sea Scrolls Foundation 37hc. E & E Picture Library : 59b. Mary Evans Picture Library : 12hg, 18hg, 24bg, 26bg, 26c, 27hg, 27cg, 53hg ; Cassell, Petter & Galpin 22hd; Explorer Archives 40hg ; Weimar Archive 31h. Moshe Frumin : 12bd. Glasgow Museum : 2c, 4bcg, 52hg. Golders Green United Synagogue : 4l, 54g. Ronald Grant Archive : 21b. Sonia Halliday Photographs : 8bd, 9c, 13cd. Fritz Hansen A/S : 60bg. Robert Harding Picture Library : E. Simanor 43b ; M. F. Chillmaid 19hd. Beth Hatefutsoth, Photo Archive, Tel Aviv : 18bg; 25hd, 32cd, 44hg; Central Zionist Archives, Jerusalem 22cg, 24hd, 25bd, 25c; Courtesy of E. M. Stern 45bc; Ghetto Fighter's House-Photo Archive 30c; Jewish National and University Library, Jerusalem 39hd; Municipal Archives of Rome 20hd; Tel Aviv, The Gross Family Collection 24bd. Heritage Image Partnership : British Museum 13hd; The British Museum 14cg. © Michael Holford : 9d. Hulton Archive/Getty Images : 22-23bc, 23cd, 26hd, 27bd, 29hg, 29cd, 30bg, 62cg; Leo Baeck Inst. NYC. Photo Gemeinden Deutschland. Macdonald and Co. 27eb. Hutchison Library : J. Horner 42cd. Impact Photos : Stewart Weir 47bcd. Imperial War Museum : 28hg, 28bd; James Johnson 30hg, 30cgh. Israelimages.com : Avi Hirschfield 7bg; Israel Talby 32bd, 45h; Richard Nowitz 46cb. Israel Museum Jerusalem : 11g, 16hg, 38-39bc, 48bg; D. Harris 48c; David Harris 51hd, 51cg. Oscar Israelowitz : 33hd. Jewish Education Bureau : 50cgh. Jewish Museum, London : 2cd, 3c, 5hd, 16cg, 40-41cb, 50hg. Joods Historisch Museum : 20bg. Kobal Collection : 61hd. Levi Strauss & Co : 62hg. Christine Osborne : 56hc. Popperfoto : REUTERS 61bc. Zev Radovan, Jerusalem : 11cd, 11bd, 13cg, 15hg, 15hc, 15bd, 16c, 17bg, 17d, 20hg, 37cg, 37bd, 44bg, 44-45bc, 45bd, 49hd, 49b, 50bc, 54cd. Rex Features : London Weekend 60bc; SIPA Press 61bg. Anat Rotem, Jerusalem : 7h. Science Photo Library : CDC 63cd. Topham Picturepoint : 29bc. JerryYoung : 42bg.
Couverture : pour tous les documents © Dorling Kindersley ltd sauf 1er plat cg : © E & E Picture Library, D. Burrows.

Nous nous sommes efforcés de retrouver les propriétaires des copyrights. Nous nous excusons pour tout oubli involontaire. Nous effectuerons toute modification éventuelle dans nos prochaines éditions.